汽车工业管理科学与工程丛书

可持续供应链管理
德国汽车工业的启示

[德] 明庄·劳什－潘（Minh Trang Rausch-Phan） 著
帕特里克·齐格弗里德（Patrick Siegfried）

中国汽车技术研究中心 组译

徐耀宗 宋 瑞 田芳晴 王英荻 杨 澜 译
曹大千 徐 廉 赵炳峰 马 胜 方海峰

机械工业出版社
CHINA MACHINE PRESS

本书研究了当前汽车行业实施可持续供应链管理（SSCM）和绿色供应链管理（GSCM）战略的原因和影响；特别分析了汽车行业 SSCM 的发展现状，展示了汽车公司在实施 GSCM 中的挑战、障碍，以及成功经验和收益。通过对德国领先汽车制造商的案例研究，确定了这些公司在整个供应链中实施绿色发展的必要活动，包括绿色供应商选择、绿色材料采购、绿色配送和逆向物流。此外，通过向潜在的汽车用户发放调查问卷的方式进行调查研究，调查结果展示了客户对汽车行业实施 SSCM 的兴趣和期望。基于研究和调查结果，本书对汽车行业提出了一些可持续发展的战略建议。

本书适合汽车制造企业、汽车零部件企业管理人员参考阅读。

First published in English under the title
Sustainable Supply Chain Management: Learning from the German Automotive
Industry, edition: 1
by Minh Trang Rausch-Phan and Patrick Siegfried
Copyright © Minh Trang Rausch-Phan and Patrick Siegfried, 2022
This edition has been translated and published under licence from
Springer Nature Switzerland AG.

北京市版权局著作权合同登记　图字：01-2024-4444 号。

图书在版编目（CIP）数据

可持续供应链管理 ：德国汽车工业的启示 ／（德）明庄·劳什-潘，（德）帕特里克·齐格弗里德著；中国汽车技术研究中心组译. -- 北京 ：机械工业出版社，2025. 5. --（汽车工业管理科学与工程丛书）. -- ISBN 978-7-111-78250-6

Ⅰ. F451.664
中国国家版本馆CIP数据核字第2025DE3319号

机械工业出版社（北京市百万庄大街22号　邮政编码100037）
策划编辑：母云红　　　　　　　　责任编辑：母云红　高孟瑜
责任校对：李　霞　马荣华　景　飞　封面设计：马精明
责任印制：单爱军
中煤（北京）印务有限公司印刷
2025年6月第1版第1次印刷
169mm×239mm · 8印张 · 1插页 · 89千字
标准书号：ISBN 978-7-111-78250-6
定价：99.00元

电话服务　　　　　　　　　　　网络服务
客服电话：010-88361066　　　机　工　官　网：www.cmpbook.com
　　　　　010-88379833　　　机　工　官　博：weibo.com/cmp1952
　　　　　010-68326294　　　金　书　网：www.golden-book.com
封底无防伪标均为盗版　　　　　机工教育服务网：www.cmpedu.com

前 言
PREFACE

　　本书研究了当前汽车行业实施可持续供应链管理（SSCM）和绿色供应链管理（GSCM）战略的原因和影响。本书内容包括对 SSCM 和 GSCM 的文献综述、可持续发展概念的优势以及促进 SSCM 实施的因素，如客户行为、政府法规和竞争者。可持续性包括经济、环境和社会方面。SSCM 是对材料和货物流动的管理，目的是最大限度地减少汽车产业对环境的有害影响，同时仍能创造经济优势并承担起相应的社会责任。本书在探讨绿色供应链时，主要包括经济和环境绩效，但忽略了社会方面。

　　本书特别分析了汽车行业 SSCM 的发展现状；展示了汽车公司在实施 GSCM 中的挑战、障碍，以及成功经验和收益。通过对德国领先汽车制造商大众、宝马和戴姆勒的案例研究，确定了这些公司在整个供应链中实施绿色发展的必要活动，包括绿色供应商选择、绿色材料采购、绿色配送和逆向物流。此外，还对标日本丰田和中国吉利等亚洲市场的公司进行了介绍。

　　此外，作者通过向潜在的汽车用户发放调查问卷的方式进行调查研究，结果展示了客户对汽车行业实施 SSCM 的兴趣和期望。在过去几年中，随着购买绿色汽车的意愿不断增强，客户对 SSCM 的兴趣也在增加。对于大多数客户来说，车辆的整个生命周期都是可持续的，这一点很重要。SSCM 的实施增强了客户对公司的信任。他们愿意为采用可持续供应链的汽车支付更高的价格。因此，SSCM 的实施为公司创造了更高的经济价值。

　　基于文献综述的理论结果和客户调查的实证结果，本书建议汽车企业应投资并更加注重有效实施 SSCM，以期在未来实现更大的环境绩效改善和更高的经济效益。汽车公司有必要为供应链上的所有利益相关者和参与者制定总体方向和有用的指导方针。培训课程和能力建设计划有助于员工和管理人员认识到采用可持续发展概念的巨大好处。在 SSCM 的未来发展中，客户仍然在企业决策中发挥着重要作用，直接影响企业的收入和效益。因此，汽车制造商需要根据客户的期望和要求制定可持续战略。为了获得更多的客户关注，建议汽车公司开发一个可持续的供应链标签，并将其贴在新生产的车型上。这个标签可以向潜在的买家提供更多关于汽车整个价值链上可持续活动的细节，可以建立更高的客户忠诚度和更好的环保品牌形象，从而带来更高的销售额和收入，为汽车制造商带来长期的经济效益。

目　录
CONTENTS

V

**04　第四章
绿色供应链管理**

05　第五章
未来发展的场景和概念

06　第六章
可持续供应链管理总结：向德国汽车业学习

附录　潜在汽车客户调查结果

01

德国汽车产业可持续供应链管理介绍

Chapter

全球变暖已经成为近年来讨论最多、关注度最高的话题之一。科学家警告，燃烧化石燃料和砍伐森林等人类活动会导致全球地表温度升高。纵观历史，与工业革命时期类似，现在的气候已经发生巨大变化，导致全球海平面上升、冰盖融化和自然灾害增加等（WWF，2019）。因此，环境问题日益紧迫，保护环境被视为当前的首要任务。美国化学理事会（ACC）的研究表明，消费者购买行为发生转变，越来越多的消费者愿意购买可持续性产品（Accenture，2019）。

与以往不同，价格不再是影响决策的第一要素，近年来消费者更愿意选择环保产品，并愿意为具备可持续发展能力的公司支付额外费用（Martins，2019；Siegfried，2020）。艾睿铂（Alix Partners）的国际电动汽车消费者调查数据显示，消费者对电动汽车的兴趣逐步提升。50% 的受访者对纯电动汽车（BEV）感兴趣，28% 的消费者愿意在购买下一辆车时选择 BEV（Bastin 等，2019；Siegfried，2021a）。因此，消费者选择绿色交通工具的趋势，使制造商在生产和经营目标中强化可持续发展实践和绩效的使用。可持续发展成为各行各业企业的重要战略，汽车行业也不例外。

汽车产业由许多大型汽车制造商和供应商组成，它们在全球范围内制造和销售车辆、采购材料配件，并为世界经济贡献了高额收入（Adams，1981；Siegfried，2021b）。汽车产业的发展导致公路运输的二氧化碳排放量增加。仅交通领域温室气体排放量就占全球的 14%（Pricewaterhouse Coopers，2007）。最重要的是，汽车产业需要加工大量由橡胶、塑料以及钢等材料制成的难以回收的零部件。

为减少对环境的伤害，政府执行了更为严格的环境法规。2030年新注册汽车的二氧化碳排放量需减少 37.5%（European Council，2019）。此外，还有更多的废物管理法规，如 1994 年颁布的控制公司材料采购的《废物管理许可证管理规定》（Elghali 等，2004）。

汽车制造商为应对二氧化碳排放规定、消费者购买绿色汽车的行为变化，已开展可持续发展理念的研究并将其融入整个供应链管理过程。虽然供应链相关活动会对环境造成危害，但传统供应链管理的主要目标优先考虑经济价值（Ernst 和 Sailer，2015）。可持续供应链管理（SSCM）涉及经济、社会和环境三方面，同时需要考虑利益相关者和客户需求的满足以及业务增长。SSCM 以环境影响最小化为目的，进行材料和货物流动的管理，同时保证经济优势及社会责任（Hu 和 Hsu，2010）。许多汽车制造商将可持续性视为整个汽车行业最重要的话题之一，因为它可以带来竞争优势并提高盈利能力（McCrea，2019）。

为了解可持续性的重要性，自 2010 年以来，许多学者在 SSCM领域发表研究，其中大多数是在常规领域。Morana（2013）从经济、社会和环境三个方面的整体理论来研究 SSCM。Rajeev 等人（2017）对 2000—2015 年间与 SSCM 有关的 59 篇论文进行了全面综述。最近，汽车产业也开展了可持续性研究。例如，有一项关于汽车行业 SSCM 的设计指南和以过程为导向的观点研究（Masoumi 等，2019）。

本书基于对以往有关 SSCM 理论框架和研究的概括，分析汽车制造商可持续供应链管理中的问题，明确迫使企业做出 SSCM 决策的驱动因素。可能的驱动因素包括竞争对手、消费者需求和政府法规。重点是本书强调了消费者行为如何影响制造商 SSCM 的实践。此外，本书还重点讨论了 SSCM 的两个重要方面，即经济和环境绩效。实践表明，许多公司仍然面临如何同时维持环保生产过程运营及经济利润增长的挑战（Gifford，1997；Siegfried，2015a，2015b）。

与 SSCM 相比，绿色供应链管理（GSCM）只包括经济和环境两个方面，而忽略了社会方面。本书将重点介绍汽车制造商依托客户对绿色汽车的偏好以及新环境法规来实现环境可持续性的方法。GSCM 涵盖供应链上游和下游，从产品设计、供应商选择、材料采购、制造过程、最终产品交付到最终用户和产品生命周期结束时的处置（Emmett 和 Sood，2010）。此外，本书还介绍了德国汽车生产商如何在其系统中落实 SSCM，并与来自中国和日本等亚洲市场的其他原始设备制造商（OEM）进行了比较。

本书的总体目标是分析在汽车行业实施 SSCM 和 GSCM 战略的效果和挑战。将大众、宝马和戴姆勒三大德国汽车制造商与亚洲其他全球市场竞争对手的可持续发展实践进行对比。由于汽车产业的全球化及增长，通过使用可再生能源向零排放迈进，本书将通过对汽车驾驶员的问卷调查，研究客户的需求如何影响和迫使汽车 OEM 对即将到来的 SSCM 的使用。最后，根据文献调研和调研过程中消费者的看法，对汽车产业未来发展提出建议。

本研究的目标定义如下：

1）回顾对传统和可持续供应链的理论理解，并明确其差异。

2）基于三重底线（TBL）框架，从经济、社会和环境三个维度定义可持续战略，以及可持续发展的优势。

3）确定影响制造商实施可持续发展的驱动因素：竞争对手、政府法规、消费者偏好以及实施 SSCM 的创新技术。

4）关注 SSCM 的衡量：经济和环保性能。

5）专注关于环境维度的讨论：GSCM。

6）定义在整个供应链中实施绿色发展的必要活动，包括绿色供应商选择、绿色材料、绿色配送和逆向物流。

7）分析 SSCM 在汽车行业的现状，特别是德国汽车制造商的现状，并通过案例研究，将德国汽车制造商与亚洲汽车市场如日本和中国的 OEM 进行比较。

8）分析 GSCM 在德国汽车行业的实施情况，包括挑战、障碍、成功和收益。

9）通过对车辆用户的调查，评估不断变化的客户行为对购买纯电动汽车的影响，以及客户对汽车产业实施 SSCM 发展的期望。

10）为德国汽车产业未来实施 SSCM 提供建议。

参考文献

Accenture.（2019）. *More than half of consumers would pay more for sustainable products designed to be reused or recycled，Accenture survey finds.* https://newsroom.accenture.com/news/more-than-half-of-consumers-would-pay-more-for-sustainable-products-designed-to-be-reused-or-recycled-accenture-survey-finds.htm

Adams，W. J.（1981）. *The automobile industry: In the structure of European industry*.Springer.

Bastin, Z., Bhattacharya, S., & Kumar, A.（2019）. *International electric-vehicle consumer survey.* https://www.alixpartners.com/media/13453/ap-electric-vehicle-consumer-study-2019.pdf

Elghali, L., McColl-Grubb, V., Schiavi, I., & Griffiths, P.（2004）. *Sustainable resource use in the motor industry: A mass balance approach. Viridis report: VR6*.TRL Limited.

Emmett, S., & Sood, V.（2010）. *Green supply chains: An action manifesto.* John Wiley & Sons Inc..

Ernst, D., & Sailer, U.（Eds.）.（2015）. *Sustainable business management*（1st ed.）. UVK.

European Council.（2019）. *CO2 emission standards for cars and vans: Council confirms agreement on stricter limits.* https://www.consilium.europa.eu/en/press/press-releases/2019/01/16/co2-emission-standards-for-cars-and-vans-council-confirms-agreement-on-stricter-limits/

Gifford, D. J.（1997）. The value of going green. *Harvard Business Review*, 75(5), 11–12.

Hu, A. H., & Hsu, C.-W.（2010）. Critical factors for implementing green supply chain management practice. *Management Research Review*, *33*（6）, 586–608. https://doi.org/10.1108/01409171011050208

Martins, A.（2019）. Most consumers want sustainable products and packaging. *Businessnewsdaily.com*. https://www.alixpartners.com/media/13453/ap-electric-vehicle-consumer-study-2019.pdf

Masoumi, S., Kazemi, N., & Abdul-Rashid, S. H.（2019）. Sustainable supply chain management in the automotive industry: A process-oriented review. *Sustainability*, *11*（14）, 3945. https://doi.org/10.3390/su11143945

McCrea, B.（2019）. *Driving sustainability in automotive supply chain*. https://www.sourcetoday.com/supply-chain/article/21867380/driving-sustainability-in-automotive-supply-chain

Morana, J.（2013）. *Sustainable supply chain management. Automation - Control and industrial engineering series*. ISTE. http://swbplus.bsz-bw.de/bsz381991083cov.htm

PricewaterhouseCoopers.（2007）. *The automotive industry and climate change:Framework and dynamics of the CO2（r）evolution*. http://pwc.com/th/en/automotive/assets/co2.pdf

Rajeev, A., Pati, R. K., Padhi, S. S., & Govindan, K.（2017）. Evolution of sustainability in supply chain management: A literature review. *Journal of Cleaner Production*, *162*, 299–314. https://doi.org/10.1016/j.jclepro.2017.05.026

Siegfried, P.（2015a）. *Business ethics, sustainability and CSR*: Volume 1-ISBN:978-3-86924-965-0. AVM Akademische Verlagsgemeinschaft.

Siegfried, P.（2015b）. *Business ethics, sustainability and CSR*: Volume 2-ISBN:978-3-86924-966-7. AVM Akademische Verlagsgemeinschaft.

Siegfried, P.（2020）. *Lebensmittelhandel-business cases Arbeitsfragen and Lösungen*, ISBN: 978-3-75197-990-0. BoD Book on Demand.

Siegfried, P.（2021a）. *Enterprise management business*, ISBN: 9783753459011.

BoD Book on Demand.

Siegfried，P.（2021b）. *Enterprise management automobile industry business cases*，ISBN: 9783753444871. BoD Book on Demand.

WWF.（2019）. *What are climate change and global warming?* https://www.wwf. org.uk/climate-change-and-global-warming

第二章

02

传统供应链管理

Chapter

一、传统供应链管理的定义

20 世纪 80 年代，当许多公司意识到供应商集团和实体之间的合作关系能带来自身运营的好处时，"供应链"一词开始出现（Díaz，2006）。众多公司采用供应链管理的原因如下。首先，企业并非自己提供资源，而是寻找可以提供更低成本和合格材料的专业供应商（Lummus 和 Vokurka，1999）。供应商网络管理成为组织优化整体绩效的一种策略，实现供应商和企业的双赢。其次是国内和国际竞争加剧。通过使用来自多个竞争对手的不同资源，消费者有更多选择来满足自身需求。因此，重要的是优化分销渠道网络和库存量，以最低的成本获得最大的客户可及性。最后是组织意识到整个公司的最佳绩效可能比单一部门或者岗位成绩最大化带来更多的好处。即使有可能在采购中获得较低的原材料价格，但生产效率低下仍会导致企业成本上升。因此，准确理解整个供应链对于公司做出正确决策至关重要（Lummus 和 Vokurka，1999）。

　　由于管理供应链的好处和有效性，对"供应链"的研究越来越受欢迎（Díaz，2006）。根据 APICS 词典，供应链代表供应商提供的原材料并加工成成品或服务的流程（Cox 等，1995；Siegfried，2013）。Quinn（1997）定义供应链由不同部门的活动组成，如采购、生产、库存、运输、仓储和销售，即从初始材料到创造最终产品的所有流程环节。

　　基于供应链的基本理论，供应链管理（Supply Chain Management，SCM）被众多研究者定义。基本上，SCM 协调和管理供应链中复杂的流程网络，涉及以最有效和最具成本效益的方式向最终用户提供产品或服务（Storey 等，2006）。作为一项企业活动，供应链管理旨在为客户在质量和价格方面提供最高满意度。传统 SCM 专注于通过使用特定实践来满足利益相关者的需求，同时消除社会和环境问题，从而实现规模经济最大化（Xia 和 Tang，2011）。Stevens（1989）将 SCM 简化为一系列活动的集成，例如计划、安排和控制来自供应商的材料流，并将它们转化为客户的最终产品。Bowersox 和 Closs（1996）将信息流添加到组织的供应链中以提高效率。Lummus 和 Vokurka（1999）将供应链管理与内外部合作伙伴联系起来，这些合作伙伴的行为与公司的利益和损害息息相关。雇主、员工、供应商、客户、合作伙伴、竞争对手和政府等所有利益相关者的贡献确保了供应链流程的无缝和有效（Lummus 和 Vokurka，1999）。图 2.1 所示为供应链管理主要活动。

　　SCM 包括采购、生产和分销的主要活动（Jammernegg 等，2009）。采购部门主要完成寻找后续生产步骤所需的材料和资源，从供应商那里获得最优惠价格的零部件，最大限度地提高盈利能力。最重要的是，采购部门确保为生产提供充足的资源和库存。生产是指将原材料转化为满足使用和用户需求的成品或服务的过程。对生产进行有效管理以及更低的成本可以提高供应链效率。分销是指将成品运输到零售店、经销商和客户（Lambert 等，1998；Siegfried，2021）。

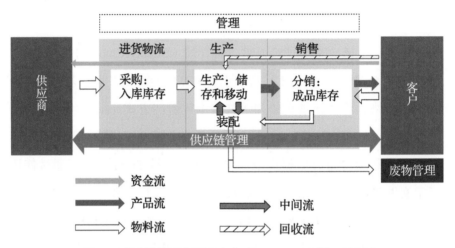

图2.1　供应链管理主要活动（Jammernegg 等，2009）

这些采购、生产和分销的主要活动将供应链中的利益相关者直接或间接地联系在一起，从而建立良好关系，并为供应商、重点企业、客户等所有参与者带来双赢（Bratić，2011；Kallina 和 Siegfried，2021）。有效供应链管理的实施增强了公司在其行业中的竞争优势。以下列出了最重要的供应链管理优势：

- **更好的控制**：当定义了整个业务流程时，公司可以简单地监测供应链中流动的材料和产品的位置。可以快速轻松地控制交货时间、提供数量和购买条件（Lorecentral，2018）。
- **更高的盈利能力**：供应链上的控制越多，可以减少的浪费就越

多。库存系统将根据客户的需求进行调整，从而降低运营成本
（AIMS UK，2020）。

- **减少流程延迟**：管理供应链有效地促进了公司、供应商和实体之间的密切合作和透明沟通，从而减少了延迟生产与交付（AIMS UK，2020）。

- **提高效率和竞争力**：当公司整合供应链管理系统时，它将能够适应经济波动和不断变化的客户需求。然后，通过消除浪费来增强竞争优势，并根据客户的需求和价值改进产品和服务（LEAN，2020）。

二、汽车产业传统供应链管理

汽车产业被认为是世界上最重要的产业之一，为许多国家的经济增长做出了贡献。2019 年，汽车总产量已达到 9200 万辆。2017 年，汽车产业收入达到 5.35 万亿美元（Statista，2020）。汽车产业被视为最大的产业之一，为全球创造了大量就业机会。

自 20 世纪以来，全球汽车产业显著扩张，并从单一的国内市场过渡到一体化的全球市场。终端车辆的零部件和材料的生产制造大部分外包给中国或印度等新兴经济体。这种趋势推动汽车产业建立了一个复杂的全球供应商网络（Siegfried，2014）。汽车制造商可以与多层次供应商建立联系（Arnold，1997）。例如，丰田、本田或宝马等 OEM 拥有多层供应商，包括大陆、博世和电装等一级供应商以及一些更专业的二级和三级供应商，如爱尔铃克铃尔和博格华纳（Schwarz，2008）。

制造汽车是一个复杂的过程，包括各个环节，例如材料提取、零部件加工、车辆组装直至运输给最终客户。一辆汽车可能包含来自许多不同供应商的 20000 多个部件（Kapadia，2018）。全球化导致汽车行业供应链网络变得更加复杂，来自世界不同国家的制造商、第三方和供应商之间的联系越来越多。自 1985 年以来，供应商对汽车生产的贡献从 56% 增加到 82%（Kallstrom，2019）。SCM 的发展经历了 20 世纪 80 年代的"准时制"（Just in time）生产和 20 世纪 90 年代的外包以及全球供应商协作等阶段。为提高效率、降低成本，汽车制造商更多地关注从不同级别的供应商那里组装预制零件，而不是自己制造（Díaz，2006）。一级供应商是最重要的供应商，其直接向 OEM 提供大型组装部件。二级供应商向一级供应商供应零件。同样的结构也适用于三级供应商。原材料供应商向 OEM 提供原材料，汽车制造商将使用这些部件和原材料进行组装。3PL 是第三方物流供应商，负责向汽车销售商或经销商提供配送任务。供应链的结构如图 2.2 所示。

然而，在取得显著增长的同时，汽车行业仍面临诸多挑战。如今大多数汽车的发动机在运行过程中都会燃烧化石燃料。大量化石燃料的燃烧会将有害物质排放到空气中，从而对环境造成危害。这些排放物中包含二氧化碳、一氧化碳和氮氧化物等。特别是，二氧化碳会导致全球变暖（Nunes 和 Bennett，2010）。此外，汽车制造是一个复杂的过程，包括采矿、金属提取、零部件生产和运输等各种活动，都会产生高碳足迹。根据绿色和平组织（Greenpeace）的一份报告，全球汽车产业活动的二氧化碳排放量加起来占全球排放量的 9%（Greenpeace，2019）。因此，消费者的需求转向环保汽车和技术创新，例如建立低二氧化碳排放量的工厂。

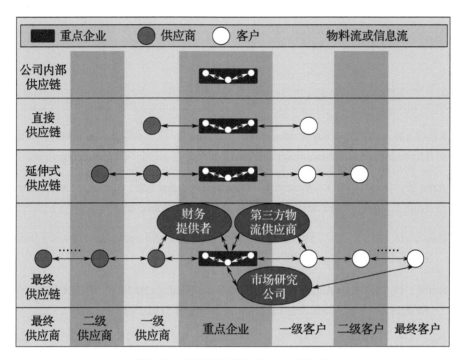

图 2.2 供应链的结构（Díaz, 2006)

与此同时，OEM 面临着来自政府更严格法规的巨大压力，例如减少能源消耗、二氧化碳排放和提高安全性等（Rodrigues Vaz 等，2017）。自 2010 年以来，由于汽车产业对气候变化的负面影响持续增长，政府法规变得更加严格，消费者也转向购买更加环保的产品（Hunke 和 Prause，2014）。这些转型促使汽车制造商投资新的动力总成技术，以提供更高的燃油效率。在过去几年，为迎接变化，许多 OEM 增加研发部门的预算，以开发使用电动 / 混合动力系统（包括电池）的电动汽车解决方案。此外，它们还投资轻量化和空气动力学减阻技术（McKinsey，2020）。推动可持续发展开始成为汽车产业生存和确保长期利益的核心战略。

参考文献

AIMS UK.（2020）. *Key 7 advantages and benefits of supply chain management.* https://aims.education/advantages-and-benefits-of-supply-chain-management/

Arnold，U.（1997）. *Beschaffungsmanagement*（2., überarb. und erw. Aufl.）.Sammlung Poeschel: 139 Ed. 2. Schäffer-Poeschel.

Bowersox，D. J.，& Closs，D.（1996）. *Logistical management: The integrated supply chain.* McGraw-Hill.

Bratić，D.（2011）. Achieving a competitive advantage by SCM. *IBIMA Business Review Journal*，*2011*，1–13. https://doi.org/10.5171/2011.957583

Cox，J. F.，Blakstone，J. H.，& Spencer，M. S.（1995）. *APICS dictionary*（8th ed.）. APICS-The Educational Society for Resource Management.

Díaz，L. M.（2006）. *Evaluation of cooperative planning in supply chains: An empirical approach of the European automotive industry.* Deutscher Universitäts-Verlag.

Greenpeace.（2019）. *Car industry's 2018 carbon footprint exceeds EU greenhouse gas emissions–Greenpeace.* https://www.greenpeace.org/international/press-release/24131/car-industrys-2018-carbon-footprint-exceeds-eu-greenhouse-gas-emissions-greenpeace/

Hunke，K.，& Prause，G.（2014）. Sustainable supply chain management in German automotive industry: Experiences and success factors. *Journal of Security and Sustainability Issues*，*3*（3），15–22. https://doi.org/10.9770/jssi.2014.3.3（2）

Jammernegg，W.，Kummer，S.，& Grün，O.（2009）. *Grundzuge der Beschaffung，Produktion und Logistik: Das Ubungsbuch. Wirtschaft.* Pearson Studium.

Kallina, D., & Siegfried, P.（2021）. Optimization of supply chain network using genetic algorithms based on bill of materials. *The International Journal of Engineering & Science*，*10*，37–47. https://doi.org/10.9790/1813-1007013747

Kallstrom, H.（2019）. *Suppliers' power is increasing in the automobile industry*. https://marketrealist.com/2015/02/suppliers-power-increasing-automobile-industry/

Kapadia, S.（2018）. *Moving parts: How the automotive industry is transforming*. https://www.supplychaindive.com/news/moving-parts-how-the-automotive-industry-is-transforming/516459/

Lambert, D. M., Cooper, M. C., & Pagh, J. D.（1998）. Supply chain management: Implementation issues and research opportunities. *The International Journal of Logistics Management*，*9*（2），1–20. https://doi.org/10.1108/09574099810805807

LEAN.（2020）. *What is lean?* https://www.lean.org/whatslean/

Lorecentral.（2018）. *Advantages and disadvantages of supply chain management*. https://www.lorecentral.org/2018/12/advantages-and-disadvantages-of-supply-chain-management.html

Lummus, R. R., & Vokurka, R. J.（1999）. Defining supply chain management:A historical perspective and practical guidelines. *Industrial Management & Data Systems*，*99*（1），11–17. https://doi.org/10.1108/02635579910243851

McKinsey.（2020）. *The road to 2020 and beyond: Whats driving the global automotive industry*. https://www.mckinsey.com/industries/automotive-and-assembly/our-insights/the-road-to-2020-and-beyond-whats-driving-the-global-automotive-industry

Nunes, B., & Bennett, D.（2010）. Green operations initiatives in the automotive industry. *Benchmarking: An International Journal*，*17*（3），396–420. https://doi.org/10.1108/14635771011049362

Quinn, F. J.（1997）. What's the buzz? *Logistics Management*，*36*（2），43–71.

Rodrigues Vaz, C., Shoeninger Rauen, T., & Rojas Lezana, Á. (2017). Sustainability and innovation in the automotive sector: A structured content analysis. *Sustainability*, *9*(6), 880. https://doi.org/10.3390/su9060880

Schwarz, M. (2008). *Trends in the automotive industry implications on supply chain management.* https://www.cisco.com/c/dam/en_us/about/ac79/docs/wp/ctd/Auto_Trends_WP_FINAL.pdf

Siegfried, P. (2013). The importance of the service sector for the industry. In *Teaching crossroads: 9th IPB Erasmus week* (pp. 13–23). Instituto Politécnico de Braganca, ISBN: 978-972-745-166-1.

Siegfried, P. (2014). Analysis of the service research studies in the German research field. In *Performance measurement and management* (pp. 94–104). Publishing House of Wroclaw University of Economics, ISBN:978-83-7695-473-8, Band 345. https://doi.org/10.15611/pn.2014.345.09

Siegfried, P. (2021). *Handel 4.0 Die Digitalisierung des Handels - Strategien und Konzepte 1*, ISBN-13: 9783754345030. BoD Book on Demand.

Statista. (2020). *Global automotive industry revenue between 2017 and 2030.* https://www.statista.com/statistics/574151/global-automotive-industry-revenue/

Stevens, G. C. (1989). Integration of the supply chain. *International Journal of Physical Distribution and Logistics Management*, *19*(8), 3–8.

Storey, J., Emberson, C., Godsell, J., & Harrison, A. (2006). Supply chain management:Theory, practice and future challenges. *International Journal of Operations & Production Management*, *26*(7), 754–774. https://doi.org/10.1108/01443570610672220

Xia, Y., & Tang, L.-P. (2011). Sustainability in supply chain management:Suggestions for the auto industry. *Management Decision*, *49*(4), 495–512.https://doi.org/10.1108/00251741111126459

第三章 **03**

可持续供应链管理

Chapter

一、可持续发展

（一）可持续性的定义和优势

随着技术的进步和全球一体化，人类社会不断发展。过去几十年，世界 GDP 平均每年增长 3% 以上，到 2037 年将增长一倍，到 2050 年将增长三倍（Pricewaterhouse Coopers，2020）。为实现世界经济增长而不断升级的工业化导致了全球变暖、温室气体排放量增加、空气和水污染、废物量增加、荒漠化和化学污染等环境问题。工业过程在全球环境退化中扮演了主要角色（Ahuti，2015）。

通过提高对极端污染工业活动所产生负面影响的认识，自然保护和 CO_2 减排趋势已成为全球所有行业的商业战略发展方向。因此，制造公司努力通过采用环保产品设计和运营环境实践等措施来减少对环境的有害影响。

1987 年，联合国布伦特兰委员会基于环境科学中出现的诸多理念，发表了题为《我们共同的未来》的报告，其中首次将"可持续发展"一词定义为"在不损害子孙后代满足自身需求的能力的情况下，满足当前需求的发展"（McGill，2020）。最近，可持续性和可持续发展的概念在各个研究领域和文献中广泛出现。

可持续性意味着将过程或状态维持在持久、特定水平的能力。重要的是，人们只能在具有环保意识的情况下使用自然资源（Leung，2020）。在更广泛的意义上，可持续性不仅关注环保主义，还关注其他因素，如社会和经济层面（麦吉尔，2020）。可持续发展寻求长期的经济利益，同时不对环境、社会和文化造成负面影响。这三个维度的结合和协调保障了世界的长久繁荣与发展（McGill，2020）。

除了减少对环境的总体负面影响外，可持续实践还为企业带来以下好处，特别是对于使用大量原材料和资源并排放大量污染物和 CO_2 气体的制造业：

- **降低成本**：不可再生资源的稀缺性导致材料采购价格上涨。因此，可持续实践为公司提供了更多机会，通过在制造过程中使用可再生原材料来节省成本，并通过使用技术解决方案来节约能源和减少浪费（Leung，2020）。
- **品牌形象**：消费者越来越关注购买可持续产品。为了获得更多的目标受众，公司以可持续的方式实施其战略并使用可持续的制造技术。这不仅能够提高公司在环保意识方面的声誉，还会带来更高的销售额和收入（Leung，2020）。
- **竞争优势**：树立具有环保意识的制造商形象有助于公司与只关注利润的竞争对手区分开来（Brown，2017）。
- **促进创新**：致力于可持续发展的公司面临着创新改进的挑

战。例如，需要研发生产过程中 CO_2 减排的新技术（Brown，2017）。

（二）可持续发展框架：三重底线

可持续发展的措施包括三个维度：经济、社会和环境。这些核心维度已在三重底线（TBL）概念中予以明确，该概念涉及"3P"：人员（People）、工厂（Plant）和利润（Profit）（Elkington，1998）。基于 TBL 框架，一个组织的成功不仅通过财务收益来体现，还由其环保意识和伦理价值观决定（Gimenez 等，2012）。许多研究将 TBL 定义为一种帮助企业长期保持生存能力的方法。如果组织只关注经济发展而忽视环境和社会问题，它们可能会失去客户（Carter 和 Easton，2011）。

1. 经济维度

企业为了获得长期可持续的成功，经营活动都需要盈利。经济维度描述了公司的货币流动，并通过支出、员工工资、成本、收入等来衡量（Slaper 和 Hall，2011）。从经济的角度来看，可持续发展是指创造金融价值的活动，特别是要对企业的成长和整个经济体系的增长有贡献（Arowoshegbe 和 Emmanuel，2016）。基于 TBL 框架，经济支柱与环境、社会三者之间相互协调配合。经济 - 社会领域具体表现为与公平贸易、商业道德和员工权利等盈利和伦理价值观相关的行为。此外，经济 - 环境领域考虑通过减少对自然环境的有害影响来实现经济成就，如通过有效使用能源降低成本（Carter 和 Rogers，2008）。

2. 环境维度

环境方面侧重于通过减少 CO_2 排放、自然资源利用、循环利用和废物处理来减少对环境的负面影响（Arowoshegbe 和 Emmanuel，2016）。Vachon 和 Klassen（2008）的一项研究表明，为了获得生态效益，制造商需要与供应商合作运用环保理念并研发环境友好型的创新技术。此外，自然保护相关的政府立法正在推动供应链管理中公司的环保表现。

3. 社会维度

TBL 中的社会维度是指企业为社会带来的有益价值。社会实践包括保证公平的工资、医疗保险、改善工作条件和事故预防。同时，对员工开展知识和技能培训对人类未来发展发挥着重要作用。此外，慈善活动和捐赠活动是建立公司声望以获得客户信任的方式（Goel，2010）。

（三）可持续发展法规

为应对日益严重的全球变暖威胁及其对环境的负面影响，《联合国气候变化框架公约》（UNFCCC）于 1994 年生效，截至本书撰写时期，有 197 个缔约方。UNFCCC 的目标是"将大气中的温室气体浓度稳定在一个水平，以防止产生对气候系统造成危险的人为干扰"（UNFCCC，1992）。

1997 年，与《联合国气候变化框架公约》相关的《京都议定书》在日本京都签署，旨在减少大气中的碳排放和温室气体。共有 175 个国家承认《京都议定书》并强制要求减少其 CO_2 排放量，这些工业国家被指定了在特定时期的最高碳排放水平（UNFCCC，2008）。

作为众所周知的环保活动领导者，欧盟制定并鼓励推行各种政策，以确保可持续的生产和消费模式。欧盟强化了旨在实现长期可持续发展的环境立法和标准，例如保护自然资源、增进人民福祉和实现经济利益（EUR-Lex，2020）。

1992年，创建了欧盟生态标签，以证明生产环境友好型产品。"欧盟之花"标签已用于7.7万多种产品，并在欧盟成员国广泛推广（European Commission，2019）。为保持长远的可持续发展，欧盟推出了CO_2排放交易计划，鼓励企业开发低碳技术，并通过降低排放水平获得有效成本。该计划允许参与公司每年排放一定水平的CO_2，并促进投资清洁、低碳的技术，以确保其获得排放配额证书。欧盟排放交易体系（EU ETS）的目标是2020年排放量比2005年减少21%，到2030年比2005年减少43%（European Commission，2020）。

二、可持续供应链管理的定义

如上所述，供应链已成为所有行业的关键成功因素。它为企业带来了更大的盈利能力和竞争优势。长期以来，质量和成本一直是供应链管理的重点。然而，在过去几年，由于气候变化和消费者购买行为的影响，传统供应链管理已经转向可持续发展（Siegfried 和 Zhang，2021）。因此，可持续供应链管理（SSCM）的定义已在许多报告中进行了研究。

可持续发展不仅限于绿色因素，还涉及社会责任或经济效益等因素（McGill，2020）。采用可持续性方法，可以根据 TBL 的概念定义 SSCM，并结合环境、社会和经济标准，如图 3.1 所示。

根据 Carter 和 Rogers（2008）的一项研究，SSCM 被定义为"在关键企业间业务流程的系统协调中，实现企业的社会、环境和经济目标的战略性、透明度整合，以改善单个公司及其供应链的长期经济效益"。需要强调的是，为了获得可持续性，公司需要优化经济收益、保护自然资源和满足社会需求，即在环境、社会和经济绩效的交叉区域内实现"最佳"，如图 3.1 所示。社会和环境之间的问号表明，忽略经济目标可能会损害公司的生存。Carter 和 Rogers 断言，SSCM 的社会和环境维度必须在明确承认公司经济目标的情况下执行（Carter 和 Rogers，2008）。

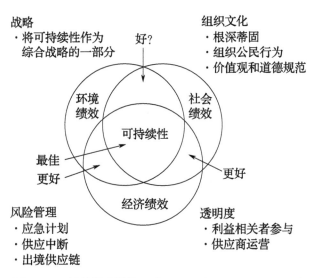

图 3.1　可持续供应链管理（Carter 和 Rogers，2008）

SCM 中可持续发展的实施为企业提供了竞争优势（Beske 等，

2014）。SSCM 以尽量减少对环境的有害影响为目的来管理原材料和货物的流动，但同时仍然创造经济效益并为社会责任做出贡献（Hu 和 Hsu，2010）。绿色材料采购、减少浪费、节约资源、使用可再生能源、循环利用和处置等活动致力于建立可持续供应链网络（Seuring 和 Müller，2008）。

然而，三个维度的平衡很难达到。据悉，环境和社会效益对公司节省成本提出了更多挑战（Walley 和 Whitehead，1994）。例如，为了减少自然资源的使用，公司必须花钱购买可能危及其财务状况的可再生替代资源（Rogers 等，2007）。因此，制造商以可承受、可行和公平的方式在供应链管理中采取经济、社会和环境方面的举措非常重要（Carter 和 Rogers，2008）。

此外，根据 Pagel 和 Gobeli（2009）的一项研究，SSCM 将公司的计划和活动与环境和社会目标整合到其供应链网络中，以期不仅提高公司的可持续发展表现，同时提高其供应商和客户的可持续发展表现。基于这个定义，SSCM 扩展了公司的边界，也涵盖了影响和推动 SCM 实施的供应商、客户和政府等不同利益相关者的可持续表现。

除了关键的经济目标，如利润最大化，利益相关者还向目标公司施加压力，要求其在供应链上采用可持续发展。政府压力可以是地方、国家和国际标准和法规。客户的动机源于其购买偏好转向环保产品。竞争对手的环保技术在目标公司开发可持续创新技术的过程中扮演着重要角色。这些是迫使公司应用可持续表现的推动因素。如果目标公司的表现可持续，它就会成为供应商参与可持续发展的拉动因素（Rebs 等，2018）。因此，为了实现经济、环境和社会目标与供应链参与者之间的双赢关系，目标公司应落实可持续供应商管理、可持续发展风险管理和压力管理及激励等 SSCM 实践活动（Brandenburg 和 Rebs，2015），如图 3.2 所示。

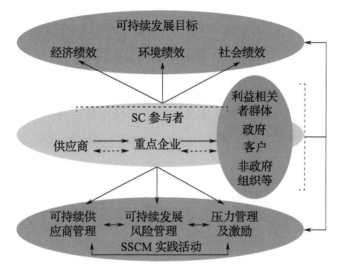

图 3.2　供应链可持续框架（Brandenburg 和 Rebs，2015）

三、驱动力因素

全球环境危害导致各利益相关方要求更加环保的产品和服务。利益相关者是在供应链可持续性转变中推动制造商的关键人物。利益相关者的期望给企业施加了更大的压力，要求它们在其供应链中开展可持续实践（Zhu 等，2013）。下面将论述每一个推动公司执行 SSCM 的因素。

（一）客户行为

SSCM 的所有活动都与交付给最终客户的最终产品息息相关。客

户是直接影响公司盈利能力和财务业绩的利益相关者群体（Apte 和
Sheth，2017）。获得的客户越多，收入就越多。

因此，评估和提高客户满意度可以提高客户忠诚度和留存率
（Scott 等，2018）。与过去不同，现在的客户已经开始逐渐了解他们
购买产品的来源、产地、制造商、交付条件和交付时间（Tompson，
2020）。因此，客户是供应链中的关键角色，他们的价值观和意见影
响着公司的决策。Handfield 和其他学者同样断言，客户的需求和期望
对于创建供应链计划很重要（Handfield 等，2005；Siegfried，2017）。

由于全球变暖、自然资源稀缺和生活环境恶化等负面生态变化，
人们对环境和社会问题的意识不断增强，导致消费者的购买行为发生
转变。

越来越多的消费者倾向于将环境效益纳入他们的购买决策中
（Russo 等，2015）。一项全球消费者信心调查显示，超过 81% 的
全球受访者更愿意购买创造社会和环境效益的公司的产品或服务
（Nielsen，2018）。例如，在汽车行业，低碳排放、混合燃料和电气化
正在成为至关重要的核心购买标准。除了环保汽车，来自供应链流程
的可回收材料和部件配件也吸引了绿色消费者的注意。由于此类行为
的变化，如果汽车公司不想损害自己的声誉，可持续发展的进步是其
供应链的一个新组成部分（Sarkis 等，2010）。

随着消费者对购买产品的环保意识的提升，如果企业不关注环
境，就会有被抵制的风险。这可能会导致企业形象受损，造成经济损
失（Sarkis 等，2010）。因此，客户压力是促进企业可持续供应链发展

的驱动因素（Hsu 等，2013）。此外，Porter（2008）也证实，客户压力也是迫使政府率先出台环保法规的先决条件。通过协同效应，客户和政府监管将共同推动企业实施供应链环保举措。

（二）政府法规

过去，公司在管理其系统和制定自己的法规方面发挥着重要作用，而政府的作用则处于次要地位（Seipp 等，2020；Vermeulen 等，2011）。如今，气候变化和资源短缺的负面影响导致政府对制造商实施更严格的环境法规，制造商是主要的资源消耗者和污染者（Zhu 等，2013）。政府机构通过制定法规要求制造商承担环保责任，并要求其将可持续性纳入供应链管理。作为交换，使用可再生资源和环保技术可为企业带来竞争优势和高效表现。

公司可能会忽视其他利益相关者对环保责任的要求，但政府不会让公司有选择的自由（Güner 和 Coskun，2010）。监管执法等政府压力被定义为强制性压力，被认为是对采用环境举措最具影响力的压力（Jennings 和 Zandbergen，1995）。根据 Bansal（2005）的说法，不遵守政府法规可能会给公司带来许多不利影响，例如形象和声誉受损，吊销营业执照或面临法律制裁。政府可能会对未在供应链管理中实施可持续性的公司征税（Clemens 和 Douglas，2006）。

2012—2019 年，颁布了许多严格的区域和国家法规来支持环保倡议。例如，欧盟制定了报废汽车（ELV）、有害物质限制（RoHS）、耗能产品（EuP）、废弃电子电气设备（WEEE）等法规和环保指令（Koh 等，2012）。这些立法要求制造商在使用后回收资源或产品，以减少废物处理。生产中的"再制造"是将产品拆开、修理、重新组装再次使用的过程。这是支持节能和减少浪费的重要举措（Scott 等，2018）。

除了强制性压力外，政府还使用激励措施来鼓励目标／本地公司关注环境保护。许多政府通过税收减免或补贴等财政激励措施，支持企业更加自愿地投资可持续供应链管理（Boström 等，2015）。例如，德国政府为购买混合动力或电动汽车的消费者提供补贴。此外，所有电动汽车都享受 10 年的税收减免（Fullerton，2017）。在英国，政府宣布了使用生物燃料的减税政策，以促进可持续增长（Kumar 和 Joo，2019）。同样，美国政府为采取环保举措的企业家提供财政福利和补助（绿色商务局，2019）。

（三）竞争者

一些研究表明，竞争是将可持续战略融入供应链管理的另一个动机。如今，全球市场面临着许多新兴企业的挑战，这导致了公司间竞争激烈。传统上，这些公司在价格、质量、促销或服务等方面与其他公司竞争（Siegfried，2014）。因此，与竞争对手的差异化是公司获得竞争优势的价值所在（Saeed 和 Kersten，2019）。

由于形象提升和更高的客户满意度，采取环保举措并在市场上获得竞争优势的公司将迫使其他公司效仿其环保战略（Rivera，2004）。实施环境保护战略企业的成功被确定为促使其他公司模仿环保实践的因素。紧跟竞争对手的行动是可持续发展机会的诱发因素，可以增强企业的竞争能力（Zhu 等，2010）。

（四）可持续供应链创新技术开发

技术创新被视为促进可持续发展的另一个因素。环境法规和消费者意识的改变推动了新的环保创新突破（Rodrigues Vaz 等，2017）。

除了经济目标之外，创新技术研发也被视为在整个供应链流程中实现可持续发展最佳目标的主要途径（Pereira de Carvalho 等，2012）。随着技术不断演进，重要的是通过在整个业务运营和供应链中集成技术来获得业务成功，并增强公司的竞争优势（Artsiomchyk 和 Zhivitskaya，2015）。

供应商是制造商的重要合作伙伴，因为它们的工作直接而广泛地影响新产品的成本、质量、技术和上市时间（Handfeld 等，1999）。在供应链的早期阶段，通过选择执行最佳技术的供应商，将帮助制造商改进最终产品。供应商的指导和知识更加激发了公司在其制造中采用新技术的意识（Jantan 等，2006）。因此，为了在环境解决方案方面取得成果，制造商需要找到同样采用可持续技术运营的供应商。

根据 Kemp 和 Arundel（1998）的说法，存在与环境保护相关的技术解决方案，例如：管道末端技术、清洁技术、废物管理和回收技术。通过在制造过程中使用环保技术，有助于减少能源和资源消耗，防止污染排放并加强废物回收（Qudrat-Ullah，2018）。

为了满足客户对环境的关注，许多公司加大研发新绿色产品的力度。应用于供应链流程的创新环保技术有助于公司生产符合生态目标和要求的环保产品（Qudrat-Ullah，2018）。如果能在市场上将绿色产品与其他产品区分开来，就会为企业带来竞争优势。此外，这样也有助于为客户树立一个整体的绿色企业形象（Qudrat-Ullah，2018）。

四、可持续供应链管理绩效衡量标准

基于三重底线（TBL）概念，SSCM 表现贯穿三个维度：环境、社会和经济。与 TBL 相结合的企业表现被评判为成功，不仅通过传统的只关注企业财务，而且注重环保和伦理道德意识（Gimenez 等，2012）。经济、环境和社会表现的整合旨在减少生态有害影响并增加对社会的积极影响，同时实现长期的经济和竞争优势（Saeed 和 Kersten，2019；Siegfried，2015）。

关于 TBL 概念，为了确保 SSCM 的成功，需要有效地衡量三个关键维度（Hervani 等，2005）。许多文献表明，公司在可持续供应链表现（SSCP）方面的改进可以提高其竞争力以及财务和运营效益。SSCP 是一家公司减少使用原材料、能源或水的能力，并通过改进供应链管理找到更具生态效率的解决方案（Figge 等，2002）。因此，按照这种方法，本书将通过经济和环境措施对 SSCM 进行深入研究。

（一）经济效益

经济效益通过直接影响公司财务状况的指标来衡量。通常，这些指标被称为利润、市场份额、销售收入、增长率等。经济效益被定义为运营成功的长期目标（Kaplan 和 Norton，1996）。根据 Schaltegger 和 Synnestvedt（2002）的观点，一家只关注环境发展而不关注财务状况的公司将随着其环境有益活动从市场上消失。因此，经济指标对公司的生存很重要。此外，满足利益相关者对财务目标的要求将提高企业的长期经济效益。通过利用财务资源以适应外部需求的变化，例如新技术或产品开发，同时公司还可以提高其效率和竞争优势（Freeman和 Evan，1990）。然而，评估 SSCM 的经济效益最有效的方法是降低能源消耗、原材料采购、废物处理相关成本（Green 等，2012）。变废为宝是协助企业提高经济效益的一种方法。此外，让供应商参与环境创新的决策过程可以让公司降低原材料采购成本（Ortas 等，2014）。

为衡量成功的可持续表现，公司有必要将其经济效益与环保举措相结合。根据 Rao 和 Holt（2005）的观点，在整个供应链中承担环保责任，将满足环保客户的需求，提升企业声誉，从而转化为更高的销售额和盈利能力等经济效益。尽管有可能产生积极的经济效益，但许多实证研究发现，采取环保举措也可能在短期内对公司的财务状况产生负面影响（Hahn 和 Figge，2011）。例如，为开展环保行动，企业需要投资环保创新技术以生产绿色产品或减少生产废物。这对企业来说意味着要投入更高的成本。

（二）环境效益

客户对使用环保产品的期望、对生态保护相关政府法规的遵守以及来自竞争对手的竞争压力是制造商追求在 SSCM 中采用生态设计的原因。

在这方面，提高环境效益是改善可持续性供应链整体效益的措施（Zhu 和 Sarkis，2007）。环境效益与减少对环境的负面影响有关，例如 CO_2 排放，废物、能源、水和有害物质等的消耗（Esty 和 Winston，

2009）。虽然环境效益是非经济效益，因为它们不直接创造财务收益，但它们仍然可以影响公司的经济表现，例如，通过其绿色形象吸引更多客户（Zhu 和 Sarkis，2007）。许多文献资料都描述了 SSCM 实施过程中环境和经济效益之间的紧密关系（Rao 和 Holt，2005）。

环境效益被视为可持续发展的关键所在，许多企业在供应链中增加了环境管理计划，这些计划由环境管理系统（EMS）管理。正如 ISO（1996）所指，EMS 被定义为"管理系统的一个组成部分，包括组织结构、规划、活动、职责、程序和资源，用于制定、实施、实现、审查和维护环境政策"。EMS 是企业制定环境保护措施和评估企业活动对环境影响的辅助工具。EMS 的目标是提高企业对环境政策的遵守程度并消除对环境的负面影响，通过减少废物、防止污染和回收利用来保护环境（Sroufe，2003）。EMS 中有各种标准，例如 ISO 14000，它提供了管理和改善环境效益的机制。此外，还有欧盟理事会推出的 EMAS（生态管理和审计计划），要求所有成员国强制承认环保举措是有效的。

五、汽车行业实施可持续供应链管理的原因

可持续供应链管理是基于供应链管理的原则，另外加上绿色影响因素，这意味着环保和高效。SSCM 旨在以最有效的方式提供公司生产过程的物流方案，包括提出如何在整个业务流程中考虑生态环保方面的有效方法（Hunke 和 Prause，2014）。

在汽车行业，可持续发展不仅涵盖了原始设备制造商的盈利能力，还为供应链网络中的厂商和供应商确定了新的关键绩效指标。来自 100 个国家／地区的 25000 多家供应商加入了"驱动可持续发展平台"，该平台以供应链可持续发展的活动、要求和共同项目为导向（Schwarzkopf 和 Dorwald，2019）。汽车的供应链环节，从零部件选择到运输和制造，再到最终客户交付，都可能会造成自然资源的过度开发和 CO_2 排放量过高。为了消除这些有害影响，大多数汽车行业领军者需要在其供应链中开展可持续活动。可以假设，公司供应链中绿色领域的参与情况也会引发供应链的变化。在成功的 SSCM 案例中，除了经济利益，均会关注社会和环境问题（Carter 和 Easton，2011）。

企业实行可持续供应链管理或绿色供应链管理的驱动因素有：行业竞争、客户行为和政府法规。基于这些因素，下面将探讨汽车行业实施 SSCM 的原因。

（一）不断增长的竞争市场

汽车业是一个复杂的行业，来自不同地区的全球巨头的竞争压力很大。在欧洲，有戴姆勒、宝马、大众等汽车制造先驱。在亚洲市场，丰田和现代是针对中等收入人群生产各种车型的领导者。福特、通用和菲亚特克莱斯勒并称为美国著名的汽车三巨头。特别是成立于 2003 年的美国电动汽车制造商特斯拉，已经超越德国汽车制造商，成为全球市值第二大的汽车制造商（Richter，2020）。表 3.1 描述了不同汽车品牌的市值。

表 3.1　不同汽车品牌的市值（Richter，2020）

品牌	市值 / 亿美元
丰田	2339
特斯拉	1020
大众	976
戴姆勒	536
本田	498
宝马	495
通用	490
福特	360
菲亚特克莱斯勒	209

　　根据国际能源署（IEA）的预测，工业化国家的汽车数量将不再增长。金砖国家的汽车数量将很快超过欧洲和美国。目前，中国正在成为最大的商用车和乘用车市场（Richter，2020）。环保法规的压力促使中国汽车制造商考虑实施 SSCM。中国的许多汽车原始设备制造商已经意识到自然资源的稀缺和温室气体排放量的增加。因此，它们转而开始研发和生产采用新发动机技术的车辆，新能源汽车（NEV）产业成为战略性产业，其任务包括减少环境污染、减少化石能源消耗和支持汽车行业的持续生产（Wu 等，2018）。新能源汽车被定义为使用非常规燃料或新型动力装置的车辆，例如：纯电动汽车（BEV）、插电式混合动力汽车（PHEV）和燃料电池汽车（FCV）。比亚迪、北汽、吉利、长安等中国汽车企业率先在汽车上应用了新的发动机技术。例如，比亚迪连续三年一直是全球新能源汽车销量第一。北汽和长安都出台了停止销售传统燃油汽车的计划（Wu 等，2018）。

近年来，不仅是中国，印度的汽车企业也开始在生产过程中采用绿色工艺，塔塔汽车公司的目标是生产碳中和汽车。为了减少制造业中的气候变化影响，塔塔确定了绿色经销商概念，以提升绿色意识并促进在其供应链系统中实施最佳环境管理（Telang，2013）。日本汽车制造商很早就进入了绿色汽车市场。丰田和本田等领先企业一直在实践绿色能源汽车的动力总成开发。丰田普锐斯是第一款投入批量生产的混合动力电动汽车，于 1997 年在日本市场推出（Jürgens 和 Meißner，2005）。

因此，为了在汽车领域保持竞争优势和领先地位，德国企业需要推广创新、环保的出行理念和绿色供应链体系，以确保未来的可持续生存。

（二）绿色消费者

如前所述，消费者的绿色意识是企业践行绿色供应链管理最重要的力量。客户的需求直接影响企业的销售收入。许多研究表明，客户一直在改变其出行方式偏好和未来的出行期望（Deloitte，2018）。在汽车行业，低碳化和电气化正成为至关重要的核心购买标准。除了环保汽车，来自供应链流程的可回收材料和配件也吸引了绿色消费者的注意力。由于这种行为的改变，如果汽车公司不想损害其声誉，那么在可持续发展方面取得进展是供应链的一个新的基本组成部分（Sarkis 等，2010；Siegfried 和 Strak，2021）。

尽管绿色汽车的生产成本很高，但自 2010 年以来，环保汽车的销量仍有增长。IEA 曾预测 2019 年全球电动汽车的保有量将超过 720

万辆（IEA，2020）。比 2018 年同比增加 210 万。如图 3.3 所示，2013
年，电动汽车只有不到 50 万辆。

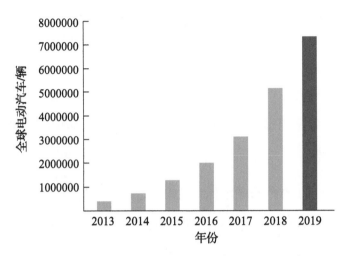

图 3.3　全球电动汽车增长情况（Virta，2020）

图 3.4 显示了 2010—2019 年全球 BEV 和 PHEV 的年度总交付量，
呈现了其稳定的高增长率，2019 年交付量达到 220 万辆。2019 年，增
长率多年来首次出现显著下降，这是中国和美国这两个最大市场的销
售额下降所致（Virta，2020）。

纵观不同国家和地区，中国在 2019 年仍然是全球最大的电动汽
车市场，有 340 万辆电动汽车在用，占据了全球近 47% 的比例。欧洲
和美国的在用电动汽车分别是 180 万和 150 万辆（IEA，2020）。

为了更加了解消费者对汽车行业可持续供应链的看法，在本研究
创建过程中进行了一项客户调查。它应该有助于回答消费者是否对具
有绿色供应链特征的产品表现出更高的兴趣，他们是否了解材料的来
源，产品是否可再生或可回收，以及具有绿色绩效供应商的可用性。

该份问卷发出后共收集了 101 个有效回复。参与者按照性别和年龄阶段划分。

从调查结果来看，可以判断出对于大多数汽车用户来说，汽车制造商追求可持续发展战略很重要。此外，他们越来越意识到车辆全生命周期的可持续性可以减少对环境的负面影响。此外，用户对 SSCM 的兴趣在过去几年中有所增加，同时购买环保车辆的意愿也在不断增强。

图 3.4　全球 BEV 和 PHEV 的年度总交付量（Virta，2020）

本研究中用户调查的另一个主要发现是，消费者甚至可以接受具有可持续供应链的车辆标价更高。特别是那些潜在客户，如果他们发现目标车辆／车企拥有可持续的供应链，他们愿意为这些汽车支付更高的价格。这些是公司发展计划中需要考虑的重要信息。

（三）全球环境法

汽车行业被认为是温室气体（GHG）排放的主要来源。据分析，

欧盟成员国在交通方面所产生的碳排放量占总排放量的 25%（Frondel
等，2011）。通过了解汽车制造的负面影响，国际和欧盟层面制定了许
多具体措施，例如出台气候政策和环境保护法规。这些都是推动汽车
制造商实施绿色供应链的因素。

其中的法规包括自 1994 年起在欧盟成员国实施的包装和废弃物
指令、1996 年实施的德国闭环资源管理法案。这些法规在产品生产
过程及全生命周期中为企业提供了减少废弃物和保护环境的法律框架
（Hunke 和 Prause，2014）。此外，欧盟对车辆及其零部件的 CO_2 排放
限制实施了新标准。按照这些目标，到 2020 年底，所有在欧盟销售
的新车的 CO_2 排放量不得超过 95g/km。针对未达到该标准的制造商予
以支付罚款的惩罚（Kotak 和 Kotak，2016）。德国是少数几个通过减
少运输产生的排放而成功达到有关温室气体排放新规定的欧盟成员国
之一。与 1990 年相比，德国同意到 2012 年将其温室气体排放量减少
21%（Friedrich Ebert Stiftung，2015）。

能效标识也是帮助消费者识别汽车能效信息的最佳方式。因此，
欧盟实施了车辆标签指令 1999/94/EC，该指令提供"有关在社区出售
或租赁的新乘用车的燃油经济性和 CO_2 排放量的信息，以使消费者能
够做出明智的选择"（Brannigan 等，2011）。

随后，德国能源署采用车辆标签指令，鼓励汽车购买者通过 2004
年正式通过的"乘用车能耗标签"（Pkw-EnVKV）检查新车的 CO_2 排
放数据（Kotak 和 Kotak，2016）。

参考文献

Ahuti, S.（2015）. Industrial growth and environmental degradation. *International Education & Research Journal*, *1*（5）, 5–7.

Apte，S., & Sheth, J.（2017）. Developing the sustainable edge. *Leader to Leader*, *2017*（85）, 48–53. https://doi.org/10.1002/ltl.20306

Arowoshegbe, A. O., & Emmanuel, U.（2016）. Sustainability and triple bottom line: An overview of two interrelated concepts. *Igbinedion University Journal of Accounting*, *2*, 88–126.

Artsiomchyk，Y., & Zhivitskaya, H.（2015）. Designing sustainable supply chain under innovation influence. *IFAC-PapersOnLine*, *48*（3）, 1695–1699. https://doi.org/10.1016/j.ifacol.2015.06.330

Bansal，P.（2005）. Evolving sustainably: A longitudinal study of corporate sustainable development. *Strategic Management Journal*, *26*（3）, 197–218. https://doi.org/10.1002/smj.441

Beske，P., Land, A., & Seuring, S.（2014）. Sustainable supply chain management practices and dynamic capabilities in the food industry: A critical analysis of the literature. *International Journal of Production Economics*, *152*, 131–143. https://doi.org/10.1016/j.ijpe.2013.12.026

Boström，M., Jönsson, A., Lockie, S., Mol, A., & Oosterveer, P.（2015）. Sustainable and responsible supply chain governance: Challenges and opportunities. *Journal of Cleaner Production.*, *107*, 1–7. https://doi.org/10.1016/j. jclepro.2014.11.050

Brandenburg，M., & Rebs, T.（2015）. Sustainable supply chain management: A modeling perspective. *Annals of Operations Research*, *229*（1）, 213–252. https://doi.org/10.1007/s10479-015-1853-1

Brannigan, C., Kay, D., Gibson, G., & Skinner, I. (2011). *Report on the implementation of directive 1999/94/EC relating to the availability of consumer information on fuel economy and CO2 emissions in respect of the marketing of new passenger cars.* https://ec.europa.eu/clima/sites/clima/files/transport/vehicles/labelling/docs/final_report_2012_en.pdf

Brown, M. (2017). *What are the benefits of sustainable manufacturing?* https://www.cadcrowd.com/blog/what-are-the-benefits-of-sustainable-manufacturing/

Carter, C. R., & Easton, P. L. (2011). Sustainable supply chain management: Evolution and future directions. *International Journal of Physical Distribution and Logistics Management*, *41* (1), 46–62.

Carter, C. R., & Rogers, D. S. (2008). A framework of sustainable supply chain management: Moving toward new theory. *International Journal of Physical Distribution and Logistics Management*, *38* (5), 360–387.

Clemens, B., & Douglas, T. (2006). Does coercion drive firms to adopt 'voluntary' green initiatives?: Relationships among coercion, superior firm resources, and voluntary green initiatives. *Journal of Business Research*, *59* (4), 483–491.

Deloitte. (2018). *Global automotive consumer study 2018.* https://www2.deloitte.com/nl/nl/pages/consumer-industrial-products/articles/global-automotive-consumer-study-2018.html

Elkington, J. (1998). *Cannibals with forks: The triple bottom line of 21st century business. Conscientious commerce.* New Society Publishers.

Esty, D. C., & Winston, A. S. (2009). *Green to gold: How smart companies use environmental strategy to innovate, create value, and build a competitive advantage* (Rev. and updated ed.). Wiley; John Wiley [distributor].

EUR-Lex. (2020). *Environment and climate change.* https://eur-lex.europa.eu/summary/chapter/environment.html?root_default=SUM_1_CODED%3D20,SUM_2_CODED%3D2001&locale=en

European Commission. (2019). *Ecolabel: Facts and figures.* https://ec.europa.eu/

environment/ecolabel/facts-and-figures.html

European Commission.（2020）. *EU Emissions Trading System（EU ETS）*. https://ec.europa.eu/clima/policies/ets_en

Figge, F., Hahn, T., Schaltegger, S., & Wagner, M.（2002）. The sustainability balanced scorecard: Linking sustainability management to business strategy. *Business Strategy and the Environment*, *11*（5）, 269–284.

Freeman, R. E., & Evan, W. M.（1990）. Corporate governance: A stakeholder interpretation. *Journal of Behavioral Economics*, *19*（4）, 337–359. https://doi. org/10.1016/0090-5720（90）90022-Y

Friedrich Ebert Stiftung.（2015）. *The future of the German automotive industry: Structural change in the automotive industry: challenges and perspectives. WISO Diskurs: Vol. 2015,20*. Friedrich Ebert Stiftung.

Frondel, M., Schmidt, C. M., & Vance, C.（2011）. A regression on climate policy: The European Commission's legislation to reduce CO2 emissions from automobiles. *Transportation Research Part A: Policy and Practice*, *45*（10）,1043–1051. https://doi.org/10.1016/j.tra.2009.12.001

Fullerton, K.（2017）. *German government offers financial incentives for electric cars*. https://greenbuzzberlin.de/german-government-offers-financial-incentives-electric-cars/

Gimenez, C., Sierra, V., & Rodon, J.（2012）. Sustainable operations: Their impact on the triple bottom line. *International Journal of Production Economics*, *140*（1）, 149–159. https://doi.org/10.1016/j.ijpe.2012.01.035

Goel, P.（2010）. Triple bottom line reporting: An analytical approach for corporate sustainability. *Journal of Finance, Accounting, and Management,1*（1）, 27–42.

Green Business Bureau.（2019）. *Financial benefits of an eco-friendly business*. https://greenbusinessbureau.com/blog/financial-benefits-of-an-eco-friendly-business/

Green, K. W., Zelbst, P. J., Meacham, J., & Bhadauria, V. S. (2012). Green supply chain management practices: Impact on performance. *Supply Chain Management: An International Journal*, *17* (3), 290–305. https://doi.org/10.1108/13598541211227126

Güner, S., & Coskun, E. (2010). *The roles of customer choices in green supply chain management: An empirical study in Sakarya region.* 8th International Logistics and Supply Chain Congress 2010, Istanbul, Turkey.

Hahn, T., & Figge, F. (2011). Beyond the bounded instrumentality in current corporate sustainability research: Toward an inclusive notion of profitability. *Journal of Business Ethics*, *104* (3), 325–345. https://doi.org/10.1007/s10551-011-0911-0

Handfield, R. B., Ragatz, G. L., Petersen, K. J., & Monczka, R. M. (1999). Involving suppliers in new product development. *California Management Review*, *42* (1), 59–82.

Handfield, R. B., Sroufe, R., & Walton, S. (2005). Integrating environmental management and supply chain strategies. *Business Strategy and the Environment*, *14* (1), 1–19.

Hervani, A. A., Helms, M. M., & Sarkis, J. (2005). Performance measurement for green supply chain management. *Benchmarking: An International Journal*, *12* (4), 330–353.

Hsu, C. C., Tan, K.-C., Zailani, S. H. M., & Jayaraman, V. (2013). Supply chain drivers that foster the development of green initiatives in an emerging economy. *International Journal of Operations & Production Management,33* (6), 656–688.

Hu, A. H., & Hsu, C.-W. (2010). Critical factors for implementing green supply chain management practice. *Management Research Review*, *33* (6),586–608. https://doi.org/10.1108/01409171011050208

Hunke, K., & Prause, G. (2014). Sustainable supply chain management in German automotive industry: Experiences and success factors. *Journal of*

Security and Sustainability Issues，3（3），15–22. https://doi.org/10.9770/ jssi.2014.3.3（2）

IEA.（2020）. *Global EV outlook 2020*. https://www.iea.org/reports/global-ev-outlook-2020

ISO.（1996）. *ISO 14001: Environmental management systems – Specification with guidance for use*. https://www.iso.org/standard/23142.html

Jantan, M., Ndubisi, N. O., & Hing, L. C.（2006）. Supplier selection strategy and manufacturing flexibility: Impact of quality and technology roadmaps. *Asian Academy of Management*，11（1），19–47.

Jennings, P. D., & Zandbergen, P.（1995）. Ecologically sustainable organizations:An institutional approach. *Academy of Management Review*，20,1015–1052.

Jürgens, U., & Meißner, H.-R.（2005）. *Arbeiten am Auto der Zukunft:Produktinnovationen und Perspektiven der Beschäftigten*. Ed. Sigma.

Kaplan, R. S., & Norton, D. P.（1996）. Linking the balanced scorecard to strategy.*California Management Review*，39（1），53–79.

Kemp, R., & Arundel, A.（1998）. *Survey indicators for environmental innovation*.https://backend.orbit.dtu.dk/ws/portalfiles/ portal/115329898/2007_115_report.pdf

Koh, S. C. L., Gunasekaran, A., & Tseng, C. S.（2012）. Cross-tier ripple and indirect effects of directives WEEE and RoHS on greening a supply chain. *International Journal of Production Economics*，140（1），305–317. https:// doi.org/10.1016/j.ijpe.2011.05.008

Kotak, B., & Kotak, Y.（2016）. Review of European regulations and Germany's action to reduce automotive sector emissions. *European Transport*，7（61），1–19.

Kumar, A., & Joo, H.（2019）. *World biodiesel policies and production*（1st ed.）. CRC Press/Taylor & Francis Group.

Leung，T.（2020）. *Key advantages of sustainable manufacturing.* http://www.winman.com/blog/key-advantages-of-sustainable-manufacturing

McGill.（2020）. *What is sustainability?* https://www.mcgill.ca/sustainability/files/sustainability/what-is-sustainability.pdf

Nielsen.（2018）. *Global consumers seek companies that care about environmental issues.* https://www.nielsen.com/eu/en/insights/article/2018/global-consumers-seek-companies-that-care-about-environmental-issues/

Ortas，E.，Moneva，J. M.，& Álvarez，I.（2014）. Sustainable supply chain and company performance. *Supply Chain Management: An International Journal*, *19*（3）, 332–350. https://doi.org/10.1108/SCM-12-2013-0444

Pagell，M.，& Gobeli，D.（2009）. How plant managers' experiences and attitudes toward sustainability relate to operational performance. *Production and Operations Management*, *18*（3）, 278–299. https://doi.org/10.1111/j.1937-5956.2009.01050.x

Pereira de Carvalho，A.，Barbieri，A.，& Carlos，J.（2012）. Innovation and sustainability in the supply chain of a cosmetics company: A case study. *Journal of Technology Management & Innovation*, *7*（2）, 144–156. https://doi.org/10.4067/S0718-27242012000200012

Porter，M. E.（2008）. The five competitive forces that shape strategy. *Harvard Business Review*, *86*, 78–93.

PricewaterhouseCoopers.（2020）. *The world in 2050: Will the shift in global economic power continue?* https://www.pwc.com/gx/en/issues/the-economy/assets/world-in-2050-february-2015.pdf

Qudrat-Ullah，H.（2018）. *Innovative solutions for sustainable supply chains. Understanding complex systems.* Springer.

Rao，P.，& Holt，D.（2005）. Do green supply chains lead to competitiveness and economic performance? *International Journal of Operations & Production Management*, *25*（9）, 898–916. https://doi.org/10.1108/01443570510613956

Rebs, T., Brandenburg, M., Seuring, S., & Stohler, M.（2018）. Stakeholder influences and risks in sustainable supply chain management: A comparison of qualitative and quantitative studies. *Springer*, *11*（2）, 197–237.

Richter, W.（2020）. *Tesla's global deliveries compared to the top 10: Volkswagen, Toyota, GM, Ford, Honda, FCA, Mercedes... Here's the chart.* https://wolfstreet.com/2020/01/24/tesla-global-deliveries-compared-to-top-10-volkswagen-toyota-gm-ford-honda-fca-mercedes-chart/

Rivera, J.（2004）. Institutional pressures and voluntary environmental behavior in developing countries: Evidence from the Costa Rican hotel industry. *Society & Natural Resources*, *17*（9）, 779–797. https://doi.org/10.1080/08941920490493783

Rodrigues Vaz, C., Shoeninger Rauen, T., & Rojas Lezana, Á.（2017）. Sustainability and innovation in the automotive sector: A structured content analysis. *Sustainability*, *9*（6）, 880. https://doi.org/10.3390/su9060880

Rogers, P., Jalal, K., & Boyd, J.（2007）. *An introduction to sustainable development*.Routledge.

Russo, A., Morrone, D., & Calace, D.（2015）. The Green side of the automotive industry: A consumer-based analysis. *Journal of Marketing Development and Competitiveness*, *9*（2）, 59–71.

Saeed, M., & Kersten, W.（2019）. Drivers of sustainable supply chain management:Identification and classification. *Sustainability*, *11*（4）, 1137. https://doi.org/10.3390/su11041137

Sarkis, J., Gonzalez-Torre, P., & Adenso-Diaz, B.（2010）. Stakeholder pressure and the adoption of environmental practices: The mediating effect of training. *Journal of Operations Management*, *28*（2）, 163–176.

Schaltegger, S., & Synnestvedt, T.（2002）. The link between 'green' and economic success: Environmental management as the crucial trigger between environmental and economic performance. *Journal of Environmental*

Management, 65（4）, 339–346. https://doi.org/10.1006/jema.2002.0555

Schwarzkopf, J., & Dorwald, T.（2019）. *Self-assessment questionnaire on CSR/sustainability for automotive sector suppliers.* https://drivesustainability. org/wp-content/uploads/2019/06/Supplier-handbook_final-version.pdf

Scott, C., Lundgren, H., & Thompson, P.（2018）. *Guide to supply chain management. Management for professionals.* Springer.

Seipp, V., Michel, A., & Siegfried, P.（2020）. Review of international supply chain risk within banking regulations in Asia, US and EU including proposals to improve cost efficiency by meeting regulatory compliance. *Journal Financial Risk Management, 9,* 229–251. https://doi.org/10.4236/ jfrm.2020.93013

Seuring, S., & Müller, M.（2008）. From a literature review to a conceptual framework for sustainable supply chain management. *Journal of Cleaner Production, 16*(15), 1699–1710. https://doi.org/10.1016/j.jclepro.2008.04.020

Siegfried, P.（2014）. *Knowledge transfer in service research - Service engineering in startup companies.* EUL-Verlag. ISBN: 978-3-8441-0335-9, https://www.eul-verlag.de/shop/eul/apply/viewdetail/id/2420/

Siegfried, P.（2015）. *Die Unternehmenserfolgsfaktoren und deren kausale Zusammenbänge, Zeitschrift Ideen- und Innovationsmanagement*（pp. 131–137）. Deutsches Institut für Betriebswirtschaft GmbH/Erich Schmidt Verlag, ISSN 2198-3143. https://doi.org/10.37307/j.2198-3151.2015.04.04

Siegfried, P.（2017）. *Corporate strategic management in practice,* ISBN:978–3-86924-985-8. AVM Akademische Verlagsgemeinschaft.

Siegfried, P., & Strak, D.（2021）. *Grüne Logistik: Eine Untersuchung ausgewäblter alternativer Antriebstechnologien im Güterverkehr, Zeitschrift für Verkehrswissenschaft*（*ZfV*）. D-Journal. ISSN: 0044-3670.

Siegfried, P., & Zhang, J.（2021）. Developing a sustainable concept for the urban last mile delivery. *Open Journal of Business and Management, 9*（1）, 268–287. https://doi.org/10.4236/ojbm.2021.91015

Slaper, T. F., & Hall, T. J.（2011）. *Triple bottom line: What is it and how does it work?* https://www.ibrc.indiana.edu/ibr/2011/spring/pdfs/article2.pdf

Sroufe, R.（2003）. Effects of environmental management systems on environmental management practices and operations. *Production and Operations Management, 12*（3）,416–431. https://doi.org/10.1111/j.1937-5956.2003.tb00212.x

Telang, S.（2013）. *Importance of greening automotive supply chain - Green clean guide.* https://greencleanguide.com/importance-of-greening-automotive-supply-chain/

Thompson, S.（2020）. *How do consumers affect supply chain management?* https://smallbusiness.chron.com/consumers-affect-supply-chain-management-81664.html

UNFCCC.（1992）. *United Nations Framework Convention on Climate Change.* https://unfccc.int/resource/docs/convkp/conveng.pdf

UNFCCC.（2008）. *Kyoto protocol: Reference manual on accounting of emissions and assigned amount.* https://unfccc.int/resource/docs/publications/08_unfccc_kp_ref_manual.pdf

Vachon, S., & Klassen, R. D.（2008）. Environmental management and manufacturing performance: The role of collaboration in the supply chain. *International Journal of Production Economics, 111*（2）, 299–315. https://doi.org/10.1016/j.ijpe.2006.11.030

Vermeulen, W. J. V., Uitenboogaart, Y., Pesqueira, L. D. L., & Metselaar, J.（2011）. *Other roles for governments needed in sustainable supply chain management?* https://www.pbl.nl/en/publications/other-roles-for-governments-needed-in-sustainable-supply-chain-management

Virta.（2020）. *The global electric vehicle market in 2020: Statistics & forecasts.* https://www.virta.global/global-electric-vehicle-market

Walley, N., & Whitehead, B. W.（1994）. It's not easy being green. *Harvard Business Review, 72*（3）, 46–52.

Wu, J., Yang, Z., Hu, X., Wang, H., & Huang, J.（2018）. Exploring driving forces of sustainable development of China's new energy vehicle industry: An analysis from the perspective of an innovation ecosystem. *Sustainability,10*（12）, 4827. https://doi.org/10.3390/su10124827

Zhu, Q., Geng, Y., Fujita, T., & Hashimoto, S.（2010）. Green supply chain management in leading manufacturers. *Management Research Review*, *33*（4）,380–392. https://doi.org/10.1108/01409171011030471

Zhu, Q., & Sarkis, J.（2007）. The moderating effects of institutional pressures on emergent green supply chain practices and performance. *International Journal of Production Research*, *45*（18–19）, 4333–4355.

Zhu, Q., Sarkis, J., & Lai, K.-H.（2013）. Institutional-based antecedents and performance outcomes of internal and external green supply chain management practices. *Journal of Purchasing and Supply Management*, *19*, 106–117.

绿色供应链管理

一、绿色供应链管理简介

如前几章所述，环境问题已经成为一个重要的话题，导致消费者对待环保产品的行为发生变化，并建立国家和全球法规来消除生态挑战。因此，"走向绿色"已成为各类组织的首选。在环境关系的背景下，"绿色供应链管理"（GSCM）已成为环境可持续领域最重要的方法。本章的目的是观察公司的环境绩效，与 SSCM 相比，忽略了社交层面。

有大量的文献介绍了过去几十年发展出来的 GSCM 的定义，总的说来，GSCM 根植于影响供应链管理的绿色成分。根据 Zhu 和 Sarkis（2006），GSCM "需要考虑到气候变化、污染材料、资本、信息和工作内容，通过平衡和控制自然环境的可持续性，来逐渐形成组织及其供应链，从而对增值的原料周转产生影响"。绿色管理的实施整合了供应链上的参与者，包括供应商、制造商和消费者。此外，政府的监管要求也是 GSCM 的驱动力。C.-W. Hsu 和 Hu（2008）定义 "GSCM 是一种根据环境法规的要求改进加工过程和产品性能的方法"。落实

GSCM 能够增强组织的竞争和经济优势。Balon 等（2016）断言这是一种经过验证的方法，可以减少组织对生态的影响，同时实现更好的生产绩效。

近年来，与传统的供应链管理相比，绿色供应链管理被认为是制造商在可持续发展道路上的一个重要概念（Siegfried 等，2021）。传统供应链以经济为主要目标，而 GSCM 则专注于生态系统。Zhu 和 Sarkis（2004）通过对 186 名参与者的研究，一致认为 GSCM 实践激活了环境和经济绩效之间的"双赢"关系。组织可以通过实施 GSCM 获得一些好处，例如减少环境危害、降低供应商的材料成本、降低制造成本、降低客户的拥有成本和减少社会资源消耗，如图 4.1 所示。这些益处满足了利益相关者的需求并提升了公司的声誉（SanketTonape，2013）。

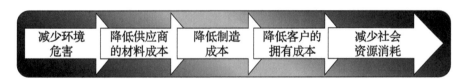

图 4.1　绿色供应链管理的益处（SanketTonape，2013）

二、实施绿色供应链管理的原则

正如 Emmett 和 Sood（2010）的研究所述，在供应链管理中所采用的"绿色"涵盖了供应链中与产品设计、材料采购、供应商选择、制造流程、分销及处理回收再利用相关的上下游，图 4.2 所示为绿色供应链管理流程。

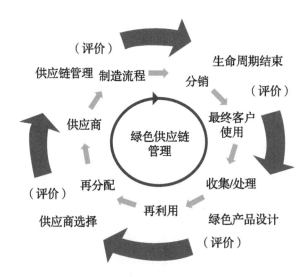

图 4.2　绿色供应链管理流程（Diabat 和 Govindan，2011）

为了有效促进日常业务中供应链的可持续发展，许多学者在供应链网络上运营时探索各种关键的可持续发展实践。具体在下面章节中介绍。

（一）绿色供应商选择

如前所述，汽车行业内的制造商和供应商联系密切。最终产品中供应商零件所占比例的上升表明，大量制造步骤外包给了世界上不同级别的供应商（Kallstrom，2019）。

因此，供应商选择过程是寻找合适原材料的重要实践，有助于整个供应链管理高效运作。目前，多数制造商的目标是在其自身供应链网络中实施可持续发展，在供应商选择时也是如此。据 Igarashi 等（2013）研究，供应商选择被视为商业运营最重要的决策之一。合适的供应商将以有竞争力的价格提供合适的产品（Igarashi 等，2013）。

不同于传统供应商选择过程注重经济效率而忽视生态影响，寻找可持续供应商也应考虑环境保护问题（Kumar 等，2014）。绿色环保已成为采购过程中的主要标准，并通过 ISO 14001 认证对绿色供应商进行评估（ISO，2015）。为了在供应链中有效推广绿色概念，需要在供应商选择、评估和协作中考虑环境因素（Gavronski 等，2011）。在早期选择绿色供应商将为在供应链的后续阶段进行绿色实践创造更好的环境。生态友好型供应商在绿色材料采购中起着至关重要的作用，与其合作不仅会带来环境效益，还有助于公司在客户面前树立形象，从而提高销售和收入（Green Purchasing Guide，2011）。

（二）绿色产品设计

根据 Golicic 和 Smith（2013）的观点，生态友好型设计应在产品开发的每个阶段都体现环境因素，并在整个产品生命周期中减少对生态系统的负面影响。因此，生态设计旨在将环境思想纳入产品的全生命周期，包括原材料、加工、运输、分销和再利用的各个阶段（Srivastava，2007）。此外，Chen 和 Sheu（2009）认为生态友好型产品可以降低废物回收成本。

绿色产品设计侧重于以下主要特征（Punit 等，2015）：
1）产品由回收或再制造材料制成。
2）产品可重复使用和再制造。
3）产品采用环保包装。
4）产品由有机成分制成。

此外，能源和资源的使用效率在绿色产品设计中起着至关重要的作用。2003 年，欧盟委员会首次提及用于可持续设计实践的能源使用产品指令（EuP）。该指令包含有关高效用能产品开发的生态要求，这在欧盟成员国内是强制性的。EuP 指令的目标是确保能源的长期可用性（Grote 等，2007）。

（三）绿色材料采购

采购是企业关键的战略流程之一，由众多不同级别供应商之间的一系列合作活动组成。采购包括选择将对制造最终产品做出重大贡献的合适的原材料、组件、零件和物资等（Olaore，2013）。

为了在整个商业过程中遵循绿色理念，制造商需要在早期就践行绿色采购。Min 和 Galle（1997）认为，绿色采购属于一种生态实践，它将消除废弃物来源并促进材料的更新。绿色采购的目标是通过使用耐用、可回收和可重复使用的材料，最大限度地减少供应链中制造和运输过程对生态的负面影响。将绿色概念融入采购过程可以促使企业的供应商考虑绿色实践（Shao 和 Ünal，2019）。虽然价格、交付和质量是过去采购材料的主要标准，但如今也有必要考虑采购材料特性对环境的影响。在采购过程中实施环保战略，可帮助公司节省成本、改善公众形象，并在市场上获得竞争优势（Wisner 等，2012）。

（四）绿色制造

为了在供应链中实施绿色战略，企业必须着力践行绿色制造。许多研究都提到了绿色制造的重要性。Crainic 等（1993）首先提出绿色制造的概念，在供应链管理的可持续发展中，该领域得到了充分的研究。绿色制造被定义为一种优化生产过程以提高环保意识的方法，可最大限度地减少产品生命周期（包括制造、使用和处置）中的废物和污染等负面环境影响（Li 等，2010）。同时，绿色制造要求制造商开发创新绿色技术并实现高效的材料投入。

绿色供应商选择和绿色材料采购是实现绿色制造的根本。与绿色供应商合作并在早期流程中开发环保组件将减轻后续生产步骤的压力。此外，绿色产品设计也被认为是绿色制造的重要属性（Seuring 和 Müller，2008）。要在绿色设计上取得成功，制造商必须与客户需求紧密配合。因此，绿色制造的成功取决于与供应商和消费者的协作。绿色制造主要涉及提取绿色材料、使用绿色创新技术、设计绿色产品，能够减少制造过程中有害物质的使用。

（五）绿色配送

配送涉及从供应商到制造商再到最终消费者的运输活动，通常包含整个分销过程，包括订单处理、存储和仓储、包装和标签、交付给消费者和回收包装（Seuring 和 Müller，2008）。产品配送过程可能会对生态系统造成严重问题，如二氧化碳排放、温室效应、空气污染或石油泄漏。根据 Sarkis（2006）的观点，绿色配送将环境概念融入传统配送中，以消除原料周转和产品运输过程中发生的协调方面的冲击（Michel 和 Siegfried，2021）。

总的说来，可持续配送考虑通过减少温室气体和化石燃料的使用来降低对环境的负面影响（Svensson，2007）。实现可持续运输的有效方法有很多，例如使用新能源车辆或公共交通服务。此外，在航运物流中使用氢燃料代替汽油或柴油将有助于减少二氧化碳排放。在发展创新技术的同时，电气化也可以被纳入交通运输本身，例如，使用节能的电动货车。此外，太阳能等可再生能源和废物回收项目是仓库可能的环境解决方案（Sustainable Business Toolkit，2015）。绿色包装也是配送的一部分，其大小、形状、水平或垂直包装都能够影响整个配送过程。Lakshmimeera 和 Palanisamy（2013）证实适当的包装可以减少材料使用和所需处理。优化包装有助于提高仓库空间的使用强度。此外，路线规划是实现绿色配送的重要因素。McKinnon（2005）宣称直线的行程规划、满载货车和减少空载是实现绿色配送的关键。

（六）逆向物流

逆向物流与传统物流相反，产品从消费者重新回到制造商的手中。Tandem Logistics（2020）指出，逆向物流是"专注于产品和资源在销售后和交付给客户后的移动和管理的专门物流环节"。一般来说，逆向物流包括传统物流的所有活动，但以逆向方式实施（Hawks，2006）。逆向物流的目的是通过回收、再利用、再制造、修理、翻新和处理运输产品从消费点回到制造点来减少对环境的负面影响（Autry，2005）。

近年来，工业废弃物数量迅速增加，给生态环境带来较大压力。因此，将逆向物流纳入商业运营中，将通过节省成本和提高客户满意度来提高制造商的盈利能力，从而增强竞争优势（Kannan 等，2009）。逆向物流影响制造商的声誉和品牌认可度。不符合客户要求或有缺陷的零件是产品退货的原因。在供应链管理过程中，逆向物流不仅指返回给制造商的产品，还指从制造商返回给供应商的零件（Figenbaum 和 Tomas，1986）。

三、汽车行业应用绿色供应链管理的优势

尽管在供应链管理中应用绿色管理存在挑战，但汽车原始设备制造商实现了环保和效益的双赢。

（一）环境绩效的优势

"走向绿色"已经成为一个主流概念，涵盖了产品全部生命周期，从设计、生产、分销最后到消费者使用产品以及产品用后处置（Borade 和 Bansod，2007）。许多研究证明，在供应链中实践可持续发展可使企业获益。通过实施碳排放减排策略（Carbon Disclosure Project，2011）可改善生态环境。根据 Dekker 等（2012）的研究，绿色供应链管理是使用正确的材料、燃料、技术和运输方式来减轻环境负担。能源成本的上升、环境保护法规和客户的绿色需求促使汽车制造商及其供应商减少整个运营（包括供应网络）的碳足迹。

德国汽车产业努力在供应链中应用生态高效的创新技术和概念，以改善其供应网络的环境绩效。

1.绿色材料采购

制造汽车的大部分材料由钢和铝制成，过程中会排放污染物。汽车产业每年使用约 1.5 亿 t 高污染原料。为此，制造商遵循绿色发展战略，研究使用本地可再生材料作为传统原材料替代物，例如植物、棉花或椰子纤维。该成果提高了车辆的舒适性、安全性和耐用性，同时不会对环境造成有害影响（Carbon Disclosure Project，2011）。例

如，宝马使用仅靠水力发电生产的碳纤维（Cooper-Searle，2017）。此外，使用轻量化材料代替传统材料的钢制车架将使质量减轻 50%。汽车越轻，节省的能源就越多。轻量化材料是提高车辆运输效率和减少二氧化碳排放的伟大发明（Office of Energy Efficiency & Renewable Energy，2020）。德国汽车产业制定了行业发展目标，即到 2030 年将轻量化材料的使用率从 30% 提高到 70%。为研究和开发新的可再生材料和生产技术，创立开放混合动力试验基地，以支持生产更环保的汽车（Bundesministerium für BildungundForschung，2020）。

2. 绿色供应商选择

汽车行业中，制造商和供应商联系紧密。供应商在整车厂寻求可持续发展的道路上扮演着至关重要的角色。为实施绿色供应链，许多领先的 OEM 已用环境标准评价其供应商。它们要求其直接供应商配备经过认证的环境管理系统，例如 ISO 14001 和 EMAS。OEM 及其供应商的合作目标是减少浪费和增加回收利用，以实现环境改善（Gaudillat 等，2017）。例如，大众支持其供应商实施 EMS 以减少二氧化碳排放。此外，宝马还通过设置供应商自评问卷来确保其可持续发展标准。1900 家供应商的地点需要根据欧洲汽车集团制定的供应链可持续性发展的可持续要求标准进行评估（Gaudillat 等，2017）。加入可持续性发展小组的供应商实现减少 3500 万 t 碳排放的目标。对于没有满足这些要求的供应商，OEM 可以采取支持措施和培训计划来鼓励环境绩效（Oumer 等，2015）。

3. 绿色制造

为了实施绿色概念并生产绿色汽车，汽车原始设备制造商需要在其汽车组装过程中采用环保策略。绿色制造和物流的主要问题与二氧化碳排放、废物管理以及水和能源利用有关（Oumer 等，2015）。

环境管理体系（EMS）是企业采取环境保护措施和评估企业活动对环境影响的辅助工具（Sroufe，2003）。全球许多 OEM 已将 EMS 纳入其制造工厂。可以根据 ISO 14001 或 EMAS（欧盟生态管理和审核计划）实施先进的系统。这些系统决定了长期以最高标准维持和改善环境绩效的公司机制。德国汽车制造商已将这些标准作为其生产基地实现绿色环保的解决方案。例如，宝马已在全球所有生产基地实施基于 ISO 14001 和 EMAS 的系统，显著减少资源和能源消耗、二氧化碳排放和废水处理（Gaudillat 等，2017）。此外，基于上述系统就减少温室气体排放、节能节水、废物管理和回收利用等制造过程，还提供了许多技术解决方案。例如，油漆车间改用水性类型和水基溶剂，以减少生产过程中对环境的影响（Nunes 和 Bennett，2010）。

4. 绿色配送

分销还在供应链中发挥重要作用，使公司更加环保。分配过程会对生态系统造成负面影响，如二氧化碳排放、空气污染或石油泄漏。设计绿色配送以有效方式整合配送活动，例如使用绿色车辆和公共交通服务或优化运输路线，以减少对生态的影响（Svensson，2007）。

德国汽车制造商更喜欢使用不同类型的运输方式，如长货车、超长火车和海上大型船只，以减少每公斤运输的排放量（Hunke 和 Prause，2014）。宝马成功践行绿色分销供应链。为了保持低二氧化碳排放，宝马一半的新车通过铁路网络运输（BMW Group，2018）。

5. 绿色回收

汽车产业是资源密集型产业。因此，有必要消除供应链网络中的浪费，避免对环境造成负面影响。在欧洲废弃物框架指令中，已经为原始设备制造商提供废物管理计划，以帮助其建立废物最小化目标。

图 4.3 所示为车辆制造过程中废弃物处理选项的层次结构。许多原始设备制造商通过提升废弃物管理等级，实现了废弃物管理"零废物填埋"和"零废物焚烧"的目标。废弃物管理的首要任务是"减少"，目的是通过应用最佳计划和方法来减少整个生产过程中的废弃物。"再利用"是指修理和再制造，在产品变成废物之前延长产品的使用寿命。"循环利用"是将废弃材料回收成新产品。"回收"是指在产生的废物不能再利用或回收的情况下，利用新的绿色技术，通过直接燃烧废物产生电能或热能形式的能源。"处理"涉及应用垃圾等级制度的激励措施，例如废弃物填埋或焚烧收费（Gaudillat 等，2017）。

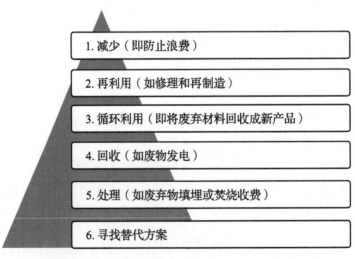

图 4.3 车辆制造过程中废弃物处理选项的层次结构（Gaudillat 等，2017）

2012 年，大众汽车减少了用于制造车身部件的钢材宽度，以此作为优化材料利用率的一种方法。与前代产品相比，该方法使新款高尔夫（Golf）车型在生产过程中产生的废料减少了 15%。此外，碳纤维增强塑料（CFRP）部件的碎片通过废物回收技术重新投入使用（Gaudillat 等，2017）。逆向物流已成为汽车主机厂实现绿色供应链的常用概念。厂商已经意识到有效的逆向物流可以改善公司的业绩。再制造、回收和再利用产品的处理可以减少对环境的负面影响（Autry，2005）。

6. 绿色产品设计与绿色出行开发

环保意识的提高促使客户选择更环保的产品，这迫使原始设备制造商将更多绿色产品推向市场（Abdul-Muhmin，2007）。因此，为实现低排放量，汽车制造商开发了电动汽车作为应对气候变化的解决方案。此外，政府制定法规和计划来鼓励绿色生产。例如，德国国家电动汽车平台（NPE）推出政策和措施来增加电动汽车数量（Verband der Automobilindustrie，2010）。德国国家电动汽车发展计划的目标是到 2020 年让 100 万辆电动汽车上路（Germany Trade 和 Invest，2015）。

由于政府对环境立法的鼓励和消费者对全球变暖的意识逐渐增强，许多汽车先驱已经对开发电动汽车的技术展开投资。在过去几十年，电动汽车在汽车行业发展迅速（Singh，2020）。2019 年，电动汽车市场已达 320 万辆，预计到 2030 年将增长至超过 2690 万辆。2019 年，全球汽车产业的销售收入估计为 1623 亿美元，预计到 2027 年将达到 8021 亿美元，复合年增长率（CAGR）为 22.6%（Singh，2020）。

电动汽车使用电动系统运行，电动系统需要电池为发动机提供能量。与传统的汽油或柴油汽车不同，电动汽车旨在减少二氧化碳排放。为顺应电动汽车取代内燃机汽车的新趋势，特斯拉（美国）、比亚迪（中国）、宝马（德国）、大众（德国）和日产（日本）等汽车制造商采用了新的绿色战略和技术，扩大合作关系，以成为全球主导者并从电动汽车中获得高市场份额（McKinsey，2020）。

如今市面上有三种类型的电动汽车：纯电动汽车（BEV）、混合动力汽车（HEV）和插电式混合动力汽车（PHEV）。电动汽车使用由若干个单体电池共同工作的锂离子电池组。当汽车行驶时，电池内部发生化学反应产生电能，为电机和车轮提供动力（EDF Energy，2020）。尽管电动汽车的无碳排放发动机符合环保法规，但电池中含锂或钴等材料仍存在争议，可能对环境和社会产生其他负面影响。

十多年来，锂离子电池在手机中的应用导致其需求不断增加。可见，虽然电动汽车在运行过程中基本不排放二氧化碳，但电动汽车和锂电池本身的制造过程可能会产生温室气体排放（Jenuet 等，2020）。锂是一种关键金属，制造电池需要开采和加工锂和铜等金属，此过程会释放出大量有毒物质。电池的生产涉及复杂的价值链。它需要来自世界各地采矿地点的 20 多种不同材料的零件，其中包括许多精炼和提取阶段。因此，电池的生产过程是能源密集型的，影响生态系统（Jenu 等，2020）。

此外，电池行业还面临着当地采矿采购带来的童工和强迫劳动问题。例如，在刚果民主共和国，许多钴矿企业卷入了强迫儿童开采用于电池的矿物的丑闻（Götze，2019）。因此，为了提升环保形象、承担社会责任，汽车制造商在供应链的采购过程中要验证来源和采矿方法。随着更多电动汽车的推出，大众汽车已向其所有供应商和分包商验证新要求，"以确保供应链中没有童工"（Thompson，2018）。戴姆勒要求供应商采用新流程"公开其供应链涵盖矿山"（Petroff，2018）。宝马考虑过"直接从矿工那里购买贵金属，以避免剥削儿童"（Petroff，2018）。

（二）经济绩效的优势

随着汽车行业供应链的环保实践取得显著成果，车厂的经济效益将整体提高。

许多研究表明，减少碳排放量是供应链可持续发展的根本目标。该目标通过获得更高的投资回报为公司带来更好的财务绩效，这是削减成本的有力工具（Hunke 和 Prause，2014）。碳披露项目（CDP）是一个总部位于英国的组织，旨在支持城市和公司披露环境影响，提高人们对生态保护和可持续经济发展的认识。CDP 通过调查发现，超过一半的参与公司和供应商在实施可持续供应链活动时经历了成本降低（Hunke 和 Prause，2014）。

应用可持续发展是业务发展的传统方式。基于环境标准的创新技术有助于产生经济效益。例如，使用环境管理系统（EMS）可带来财务优势，例如通过消耗更少的资源来节省成本、产生更少的废物、提高运营效率和减少负债（Commission for Environmental Cooperation，2005）。

原材料稀缺和波动导致成本增加，使得对节能设备的投资增加（Gaudillat 等，2017）。从那以后，汽车公司可以显著降低其能源需求。

此外，防止浪费推动公司通过使用更少的原材料，以此避免更多的处理过程来节省成本。实施绿色供应链可以减少材料和能源的消耗，从而让汽车制造商实现规模经济（Gaudillat 等，2017）。基于再利用和回收的绿色生产可以节省材料。较低成本的供应链为汽车制造商带来更多竞争优势和更好的机会，可以通过其效率赢得竞争对手（Gaudillat 等，2017）。

此外，应用可持续概念是汽车制造商吸引更多关心环保产品的客户的战略。一项 7700 名参与者的消费者行为研究证明，可持续发展的公司可以凭借其绿色形象和声誉获得更多的营业额和收入（Hunke 和 Prause，2014）。此外，针对其供应链中选择环保解决方案的参与者，政府将提供补贴和经济激励（Gaudillat 等，2017）。这些经济利益将激励更多的 OEM 在供应链中实践可持续发展理念。

四、汽车行业绿色供应链管理的障碍与挑战

增长的能源成本、政府的监管和不断变化的客户需求等强制因素要求汽车制造商及其供应商减少其整个运营网络（包括供应网络）的碳足迹。关于"绿色"挑战，对环境的关注可能会重塑这种供应链架构。

政府在环境标准方面持续加强法规建设将增加企业成本，但也会增加汽车行业的复杂性。制定二氧化碳法规主要是为了减少排放。美国、日本、中国、欧洲等许多国家和地区通过投资绿色供应链管理来

制定这些法律。这些行业面临的问题是最初的大规模投资要用于开发更环保的技术（Pereseina 等，2014）。例如，在欧洲，政府投资目标是借助新生产车辆中的先进技术来减少二氧化碳排放。电气化可能是解决环境问题的关键。这将推动 OEM 加大对使用电动／混合动力传动系统的电动汽车以及轻量化技术的投资。

然而，对绿色技术的投资会导致更高的成本（McKinsey，2020）。这些成本可能会抑制汽车公司的环保目标。绿色供应链管理是近几十年才开始流行的概念，但由于投资成本增加，目前仍缺乏企业的认可度。公司不确定其能否从先进的绿色投资中获得经济利益回报。没有回报的投资对于试图长期生存的企业来说并不合理（McKinsey，2020）。尽管许多汽车公司都想要实施 GSCM，但在保护环境、保护自然和满足股东的需求中陷入两难（Gifford，1997）。沃克等（2008）的研究表明，成本可能是在采购过程中考虑环境因素的最严重障碍。它使汽车公司陷入生态与经济难以权衡的处境。公司的困难是如何将社会和环境绩效与经济绩效结合起来（Pereseina 等，2014）。

此外，根据 Chan 和 Kumar（2007），市场需求是实施 GSCM 最主要的外部障碍。想要降低汽车价格的客户将阻碍汽车制造商投资绿色技术。一般来说，客户不会自愿购买绿色产品或支付更多费用以获得额外服务（Kuo 等，2010）。

随着汽车产业的全球扩展，不同国家／地区都设有汽车生产设备，这使得汽车公司将供应链网络重塑为绿色管理更为复杂。汽车产业的外包需要一个长的供应链网络和来自许多国家的合作伙伴。这就造成各种不同的交易环境和法规，这些行为和法规可能导致供应链中参与者之间在实践绿色战略方面的不均匀性（Xia 和 Tang，2011）。较长的供应链网络导致强烈的牛鞭效应，即需求的不确定性，使汽车制造商在库存管理上浪费大量财务资源。此外，高昂运输成本、运输能力和自然灾害等事故会严重损害供应链稳定性，从而破坏绿色供应链的实施（Xia 和 Tang，2011）。

D. S. Rogers 和 Tibben-Lembke（1999）认为，最高管理层承诺的缺乏是成功实施绿色供应链的关键障碍（Balon 等，2016）。由于绿色供应链投资成本高且回报率低，汽车制造商的管理者将经济偏好置于环境绩效之上（Balon 等，2016）。实施与逆向物流相关的绿色供应链在生态和经济方面对原始设备制造商都具有挑战性。尽管有大量证据表明设计逆向物流可节省运营成本、提高盈利能力和客户满意度，但缺乏逆向物流知识和绿色概念可能会导致绿色供应链实施的失败（Kannan 等，2009）。

汽车产业由多个供应商层级组成。因此，供应商缺乏生态素养成为 GSCM 的障碍之一。供应链网络不同层级的供应商和合作伙伴在生态问题上的合作是整车厂实施 GSCM 的基础。如果供应商不了解 GSCM，原始设备制造商可能会失去竞争优势并有损它们的绿色形象和声誉（Balon 等，2016）。

为了实践 GSCM，原始设备制造商需要更新其供应链中的新绿色创新技术。因此，员工培训计划对于提高工作绩效是必要的，这有利于高效实施 GSCM 并盈利。然而，汽车制造商仍然面临来自变革和采用员工创新的阻力。尽管 GSCM 在欧美市场越来越普遍，但在发展中国家仍然缺乏支持整车厂实施 GSCM 的法律法规（Muduli 等，2013）。

政府的支持是最大限度地减少国际误解的关键，政府的激励措施为汽车制造商提供更多预算来投资绿色技术（Muduli 等，2013）。

五、案例研究：德国汽车公司应用绿色供应链管理

本节将详细分析德国三大领先汽车制造商大众、宝马和戴姆勒在可持续和绿色供应链管理方面的定位和实施。它还为亚洲市场的原始设备制造商提供了可持续发展的标杆。

（一）德国汽车产业

经过 130 余年发展，汽车现已成为德国最大的产业部门（Germany Trade 和 Invest，2018）。与其他国家的竞争对手相比，德国汽车制造商被公认为处于全球领先水平。2007 年，德国共生产 1640 万辆汽车。2017 年，德国汽车产业总收入 4300 亿美元，占国内产业总收入的 20%。由于汽车工业的显著增长，德国已建设超 40 座整车厂，被视为欧洲整车厂的聚集地。汽车产业为约 30 万人提供了就业机会，同时促进了国家经济繁荣（Germany Trade 和 Invest，2018）。

此外，德国汽车以安全、创新、耐用的设计闻名于世界，使其成为全球高端品牌汽车生产的领军者。全球 40% 左右的高端品牌汽车由德国整车厂制造（Germany Trade 和 Invest，2018）。

近年来，中国、印度等亚洲市场也涌现出许多新品牌汽车制造商，全球汽车市场竞争加剧。为了保持竞争力，2016 年德国汽

车企业的研发支出近 390 亿欧元，占当年全球研发支出的三分之一
（Bormann 等，2018）。因此，德国被视为全球汽车行业中极具竞争力
和创新能力的玩家。德国汽车产业成功的最重要原因之一是整车厂密
集且供应商在行业内运营有活力。除了戴姆勒、宝马、保时捷、大
众、欧宝等知名汽车制造商外，德国还拥有大陆、博世、采埃孚、舍
弗勒等 16 家全球汽车供应商 100 强企业（Germany Trade 和 Invest，
2018）。随着汽车行业在全球范围内的扩张，汽车在全球各地区的产
销量都有所上升。如今，德国已经不再是传统的汽车出口国，而是全
球汽车生产网络的核心（Bormann 等，2018）。过去几年，近三分之
二的德国整车厂在国外生产汽车，而中国凭借较为低廉的劳动力成
本、庞大的劳动力规模及巨大的消费市场，成为其最重要的海外汽车
制造基地。目前德国汽车产业在全球拥有 2000 余家生产工厂，遍布
世界各地，从而导致汽车产业的供应链网络更加复杂（Bormann 等，
2018）。

（二）大众

　　大众汽车公司是德国三大汽车制造商之一。该公司于 1937 年在
德国成立，旨在批量生产低价"大众汽车"，总部位于沃尔夫斯堡。
在漫长的发展历程中，大众已成为设计制造多个汽车和货车品牌的巨
型跨国公司。除了汽车生产，公司还在金融、租赁服务和车队管理等
其他领域进行扩张。在全球范围内，大众以奥迪、西雅特、保时捷、
兰博基尼、宾利、布加迪、斯堪尼亚、曼恩和斯柯达等子品牌而闻
名。在 2016 年和 2017 年，大众被公认为全球汽车销量最大的汽车制
造商。如今，大众集团在全球 150 个国家 / 地区设有分支机构，运营

94 个生产基地（Volkswagen AG，2020a）。

由于 2015 年柴油排放造假事件，大众在欧洲召回 850 万辆汽车，其中德国召回 240 万辆，英国召回 120 万辆，美国召回 50 万辆（Hotten，2015）。这一丑闻使大众公司被罚款 274 亿欧元（Schwartz，2018）。在这场柴油丑闻后，大众通过比竞争对手投资更多的绿色技术来努力改善其可持续形象和声誉。公司计划到 2025 年在电气化上投资 200 亿欧元，在共享移动和自动驾驶技术上投资 140 亿欧元（McGee，2018）。

在 2019 年的可持续发展报告中，大众汽车将其未来目标列为优先事项，以使移动出行对未来人类更具可持续性（Volkswagen AG，2020b）。在承担环境责任的同时，大众希望到 2050 年整个组织实现碳中和。脱碳计划是发展大众商业模式的关键。在《巴黎协定》中，该公司承诺在可持续发展方面发挥先锋作用。与 2015 年相比，大众汽车希望将其乘用车全生命周期碳足迹减少 30%。车队电气化是其成功实现可持续发展的主要措施。计划在未来 10 年内推出 70 款新电动车型，到 2030 年，电动汽车在车队中的比例将至少提高到 40%。与传统燃油车辆相比，新型电动车型在行驶 20 万 km 的情况下显示更低的能源消耗，如图 4.4 所示。

然而，大众明白，只有当车辆整个生命周期的碳足迹得到优化时，电动汽车才真正环保。因此，必须在整个供应链中覆盖可持续目标。未来向电动汽车的转变会将排放从使用阶段转移到生产过程和供应链的活动中。因此，减少供应链中的二氧化碳排放成为该组织的战略重点（Volkswagen AG，2020b）。

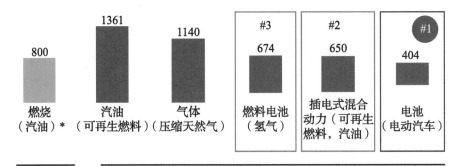

图 4.4　不同车辆发动机类型的主要能源需求（Volkswagen AG，2020b）

为了遵守《巴黎协定》的二氧化碳排放标准和规定，大众汽车的目标是到 2025 年将其所有工厂每辆车的排放量比 2010 年减少 50%（Volkswagen AG，2020b）。为减少二氧化碳排放量，制定了以下措施和目标。

1. 生产中的能源效率

大众声称，已经有 43 个制造基地生产汽车的电力 100% 来自可再生能源。大众的全球可再生能源比例达到其电力消耗的 41%（Volkswagen AG，2020b）。该公司投资的茨维考工厂，成为欧洲规模最大、最高效、最环保的电动化工厂。在大众汽车的生产基地采购绿色能源每年可减少 9 万 t 二氧化碳排放量。大众汽车的零影响工厂倡议有助于实现其未来汽车制造对环境零影响的目标。这是大众的环境使命宣言"goTOzero"（Volkswagen AG，2020b）的一部分。

2. 可再生、可循环材料

使用天然纤维、棉花、木材等可再生原材料，通过降低资源消耗来提高环境绩效。铝是车身结构中使用的重要部件。铝工业在生产过程中需要高能量（Volkswagen AG，2020b）。为解决这一问题，奥迪实施了创新的回收概念"铝闭环"，旨在建立公司与供应商之间的闭环回收系统。在奥迪的冲压车间切割铝板后的其余部分将返回给供应商，供应商将它们回收成二次原材料。由于不再需要能源密集型新铝生产，这带来了环境优势（Volkswagen AG，2020b）。

3. 电动汽车电池回收

在了解锂电池的问题后，大众已采取措施回收废旧电池。在萨尔茨吉特，该公司建立了一个电池回收设施，每年将回收 3000 多块电池。此外，大众还发明了可提取用于新型电池正负极的原料，其二氧化碳减排潜力高达 25%（Volkswagen AG，2020b）。

4. 友好和安全的废物管理

大众汽车旨在减少生产过程中的废物量，并投资重复利用高质量回收材料的技术。在欧洲的工厂中使用数字技术可以更轻松地控制废物管理过程。基于零影响工厂倡议，大众通过"零塑料废弃物工厂"项目，努力避免在供应链过程中使用塑料。例如，汉诺威和潘普洛纳是成功避免浪费并节约成本的工厂（Volkswagen AG，2020b）。

5. 对供应商的可持续要求

大众对其供应商的可持续绩效应用了评估系统。这是一项提高整个机构环境绩效的措施。大众汽车的供应商及其生产设施必须拥有符合 ISO 14001 或 EMAS（Volkswagen AG，2020b）的环境认证证书。根据大众集团的要求，有关能源消耗和二氧化碳排放的信息应该是透明的。在报价之前，供应商必须满足可持续发展要求。在与电池供应商的合作中，供应商有必要展示从原材料开采到成品制造的透明供应链，每 12 个月重复提供一次。为了在整个供应链中扩大供应商对生态系统的责任，大众与供应商开展了众多研讨会、热点分析、路线图和培训，以实现减排目标。在 2019 年对 12646 家供应商的问卷调查中，5915 家供应商承认通过采取这些措施提高了可持续绩效（Volkswagen AG，2020b）。

6. 实施 SSCM/GSCM 的经济成果

根据供应链中的环保实践，大众已投资约 2600 万欧元用于使用可再生能源，投资 1500 万欧元建设热电联产工厂。尽管大众的可持续发展成本是巨大的，但它们可以受益于规模经济。

大众声称，投资为实现盈利增长和增强竞争实力提供了一定机会。此外，落实可持续发展有助于建立大众汽车集团的经济实力和盈利能力。大众凭借品牌下的电动汽车，希望实现较高的市场覆盖率。绿色概念促使客户对大众品牌保持始终如一的信任和忠诚度。在欧洲市场，大众乘用车在品牌形象和品牌信任度方面得分稳定，而保时捷则在形象排行榜上持续稳居榜首。2019 年，该公司的客户满意度达到了 83%，并有望在 2025 年实现 90% 的目标（Volkswagen AG，2020b）。

（三）宝马

作为德国汽车行业高档汽车领域公认的顶级市场领导者，宝马将其业务发展重点放在处理乘用车行业的可持续发展及未来电动汽车的使用上。

宝马最早于 1916 年在德国巴伐利亚州慕尼黑成立。纵观其悠久的发展历史，宝马仍然是德国乃至全球顶级豪华汽车的领导者。在销量方面，宝马在 2019 年的销量为 2520357 辆（BMW Group，2020），与 2018 年相比，增长了 1.2%。遵循可持续发展战略，宝马还加强了其在电动汽车领域的领先市场地位。大约有 50 万辆宝马品牌的电动汽车。宝马阐明基于可持续价值打造其业务。在《宝马集团 2019 年可持续价值报告》中指出，可持续发展是企业的长期目标（BMW Group，2020）。

意识到气候变化的问题后，宝马在其新车队设定了可持续发展目标，即与 1995 年相比将 CO_2 排放量减少 50%（BMW Group，2020）。为了实现这些目标，宝马采取以下措施。

1. 激励客户发展可持续性

通过了解客户的需求并满足环保策略，宝马为购买者提供了许多激励措施，以鼓励他们更多地使用环保动力技术。例如，奖补和减税也在客户的购买决策中发挥了重要作用（BMW Group，2020）。

2. 使用技术作为降低排放的解决方案

通过使用高效技术，BMW 实现了降低能源消耗和 CO_2 排放量的可持续目标。2009 年，该公司在其 BMW 520d 和 BMW 520d Touring 车型上推出了 48V 技术，这有助于将百公里油耗降低至 0.3L。此外，宝马还为其柴油车型配备了减少氮氧化物（NO_X）排放的新技术，例如 NO_X 存储催化转化器或选择性催化还原系统（BMW Group，2020）。

3. 遵守环保法规

该公司在 VDA（德国汽车工业协会）和 ACEA（欧洲汽车制造商协会）支持下制定了全球统一的轻型车辆测试程序（WLTP），以使其车辆满足 2020 年和 2021 年的欧盟排放目标（BMW Group，2020）。

4. 减少产品开发中的排放

宝马不仅注重减少终端产品使用过程中的 CO_2 排放量，还将环保性能贯穿于整个产品开发过程。根据 ISO 14040/44 进行生命周期评估，宝马确定了从采购、生产和分销到车辆回收整个供应链生命周期的减排目标（BMW Group，2020）。

5. 提高供应商网络的可持续发展意识

宝马要求其供应商具有可持续发展意识。供应商必须确保参与供应链计划中的碳排放披露项目（CDP）以减少二氧化碳的排放。

自 2004 年以来，可持续性是宝马应用于所有生产材料供应商和服务提供商的基本采购标准。不同层级的直接供应商需要将这些要求强制转移给它们的次级供应商。2019 年，参与可再生能源项目的供应商因能效提高，减少了 3200 万 CO_2 排放量（BMW Group，2020）。

6. 减少资源消耗、废弃物，使用可再生材料

宝马公司旨在通过使用高效技术减少生产过程中的 CO_2 排放和能源消耗。因此，与往年相比，2019 年每辆车的资源消耗量减少了 7.8%（BMW Group，2020），这为公司节省了 1.71 亿欧元的经济效益。

此外，宝马还运用了新的回收和再加工理念，将生产过程中的材料废料返还给供应商，以减少公司整体的浪费。宝马的环境管理体系

通过了 ISO 14001 和 ISO 9001 认证（BMW Group，2020）。

宝马通过"全生命周期工程"计划确保在车辆生产的早期阶段使用环保原材料。该公司在其车上使用可再生材料，包括可再生塑料和天然织物，如亚麻纤维或木棉。而且，宝马考虑将报废车辆作为二次材料予以回收（BMW Group，2020）。

如图 4.5 所示，2019 年每辆汽车的 CO_2 排放量与前几年相比有所减少。

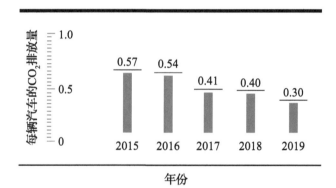

图 4.5　每辆汽车的 CO_2 排放量（BMW Group，2020）

宝马不仅关注使用 CO_2 友好型能源，配送中使用的运输方式也是其实施可持续发展的重要环节。研究结果表示超过 50% 的宝马车辆通过火车配送到市场。针对工厂内运输，会使用电动货车。此外，宝马还投资海运生物燃料的研发，以减少海运的排放（BMW Group，2020）。

（四）戴姆勒

与大众汽车和宝马一样，戴姆勒将可持续发展纳入其业务战略。

该公司在其 2019 年可持续发展报告中定义，可持续发展正在创造持久的经济价值，公司将时刻关注整个供应链中企业活动对环境和社会的影响（Daimler AG, 2020）。该公司致力于将可持续出行作为保护气候、改善空气质量和保护自然资源最重要的项目之一。因此，电动汽车等零排放出行理念是戴姆勒可持续发展战略的核心要素。公司的目标是到 2039 年实现碳中和。戴姆勒供应链从材料采购、生产、使用阶段到回收和处置以及物流运输环节的所有阶段都将落实气候保护（Daimler AG, 2020）。

1. 减少材料消耗和材料使用闭环

全球对移动出行工具的需求正在增加，因此导致相关资源稀缺。汽车产业在制造过程中需要大量的钢材、铝材和聚合物，会对环境造成负面影响。为了减少材料消耗，戴姆勒的目标是在车辆生产过程中使用新型轻质材料和配件。该公司还致力于材料使用闭环，并促进在其车辆中原材料的二次使用（Daimler AG, 2020）。

2. 与 SSCM 供应商合作

戴姆勒在欧洲、北美和亚洲等不同地区拥有约 60000 家直接供应商。在构建戴姆勒供应商网络合作模式的同时，该公司扩大了对供应商的可持续发展规范和要求。戴姆勒针对其直接供应商连同其上游价值链都提出了可持续发展标准。这些措施（例如筛选、基于风险的尽职调查分析和培训课程）用于强制供应商遵守 ISO 14001 或 EMAS 等环境标准（Daimler AG, 2020）。

3. 在供应链体系开展回收

所有梅赛德斯 - 奔驰车型的车辆 85% 是可回收利用的。戴姆勒建立了旧零件中心，以确保车辆的零部件可以重复使用或转售。此外，戴姆勒对汽车零部件进行再制造，避免浪费和不必要的消耗。公司已优化生产流程，尽量减少大量浪费。戴姆勒对不同类型的废物进行分类，并根据具体规定对其进行处理（Daimler AG，2020）。

4. 使用可再生能原材料

为了替换对环境有负面影响的材料，戴姆勒使用了一系列可再生原材料，例如大麻、红麻、羊毛、纸张和天然橡胶（Daimler AG，2020）。

5. 资源高效技术

该公司研究了电动汽车电池的新技术，可以在不增加电池体积的情况下储存更多的能量。该公司投资了电池生产网络，并为下一代汽车设定了环保目标，即使用可再生能源生产电池（Daimler AG，2020）。

6. 具有气候保护目标的生产工厂

戴姆勒一直致力于减少其制造工厂的 CO_2 排放量。该公司的目标是，到 2039 年，戴姆勒全球所有工厂的生产过程都将达到碳中和。从 2022 年开始，该公司计划在德国的所有戴姆勒工厂 100% 使用可再生能源生产电力（Daimler AG，2020）。

7. 优化运输物流环节

戴姆勒自建并连接更多的交通枢纽，以缩短运输距离并设定更有效地使用运力的目标。考虑到可持续性创新运输理念，例如，运用低排放货车或火车等绿色交通方式能够发挥重要作用（Daimler AG，2020）。

（五）对标亚洲国家的汽车厂商

20世纪90年代以来，亚洲国家通过工业化实现经济快速发展。汽车产业已经成为亚洲国家需要提升的战略产业（Abrenica，1998）。图4.6所示为2019年亚太地区乘用车销量。中国、日本和印度是亚洲汽车行业前三大潜在增长市场。

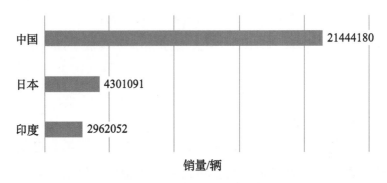

图4.6　2019年亚太地区乘用车销量，按国家/地区划分（Moore，2020）

近年来，许多低成本品牌在新兴市场崛起，例如中国的吉利汽车和印度的塔塔汽车（Siegfried，2021）。它们正在努力与来自发达国家的其他汽车制造商在全球市场上展开竞争。在过去几年，中国已经超过美国成为世界上最大的乘用车制造国家。2019年，中国生产了2130万辆汽车，几乎占据世界乘用车产量的三分之一（Wagner，2020b）。据欧洲汽车制造商协会（ACEA），欧洲汽车制造商处境尤为艰难。从2007年到2012年，整个欧洲的新车注册量都在下降。例如，在德国，新车注册量从310万辆下降了2%；在法国下降了8%；在西班牙下降了57%；在意大利下降了44%（Pricewaterhouse Coopers，2014）。

1. 中国汽车市场：吉利的SSCM

在中国，汽车产业对经济发展起着重要作用。汽车产业提供了数百万个工作岗位，2018 年中国汽车年产量占全球的 28% 左右（Wong，2020）。汽车产量增长的同时，也对生态系统产生了一定程度的负面影响。根据《中国机动车环境管理年报（2017）》，机动车尾气排放导致空气污染（BASF，2020）。汽车产业的能源消耗非常高。

因此，来自环境要求和外部竞争的严格压力迫使中国汽车产业转型。中国已将绿色发展作为汽车产业的长期计划，重点关注轻量化材料、降低燃料消耗和新能源汽车（NEV）（BASF，2020）。

（1）绿色发展的政府法规与支持

降低汽车排放的重要方法之一是对汽车行业实施更严格的法规。中国实施的新的国六排放标准旨在截至 2023 年将氮氧化物和其他污染物的排放量减少 40%~50%（Tabeta，2019）。这比在欧洲生效的欧Ⅳ标准更严格。

此外，为提升纯电动汽车的销量，中国政府已实施多项措施，例如免税、新能源汽车采购补贴，以及多项针对中国汽车制造商的新技术研发和降低生产成本的财政补贴。

2014 年以来，中国市场纯电动汽车产量持续增长。与其他汽车市场相比，中国的电动汽车销量估计超过 300 万辆，而德国市场的销量不到 50 万辆（Wagner，2020a）。

（2）供应链中的环保效益

为了减少污染物排放，汽车企业不仅要关注纯电动汽车的能源消耗，还要关注其从资源开采、制造、使用到最终回收的整个供应链生命周期的能源使用情况。这将影响企业的整体环保效益。

中国汽车公司已尝试在整个供应链中应用环境实践，例如 ISO 14001 认证和清洁生产系统。作为中国领先的汽车制造商，吉利将可持续发展作为其优先战略（Tan，2020）。吉利不仅专注纯电动汽车的研发和生产，还将绿色理念和节能技术引入工厂。此外，吉利鼓励在汽车生产的供应链中使用可回收材料。吉利整车材料可回收率已达到 96.8%，循环利用率达到 94.4%（Tan，2020）。

供应商是影响供应链管理环保绩效的重要因素。因此，吉利严格要求其供应商通过 ISO 14001 和 OHSAS 18000 等环保认证，推动其供应商尽可能使用环保产品（Geely Holding Group，2020）。

尽管对 GSCM 实践有所了解，但与其他发达国家相比，中国汽车供应链仍然相对落后。

由于中国汽车消费市场不成熟，对二手车和材料回收再利用的投资并未受到关注。中国大多数汽车企业仍在考虑实施 GSCM，因此尚未带来经济效益的改善（Zhu 等，2007）。

2. 日本汽车市场：丰田的 SSCM

作为亚洲汽车市场的领导者，日本意识到汽车产业发展带来的环境问题。因此，自 20 世纪 90 年代后期以来，日本政府一直鼓励汽车公司在其制造过程中寻求减排、再利用和回收技术（Zhu 等，2010）。为了在欧盟市场获得更高的竞争地位，日本汽车制造商已经应用 GSCM 来满足欧盟的 RoHS 指令（King 等，2005）。

在日本市场，社会责任和环保形象是汽车品牌最具影响力的方面。如果不关注环境和社会，汽车公司将失去市场。因此，大多数原始设备制造商已开始生产排放较少的绿色机动车辆。尽管日本是世界领先的汽车大国，但日本原始设备制造商在纯电动汽车方面仍落后于全球其他竞争对手（Westbrook，2019）。自从 1997 年第一款量产的混合动力汽车丰田普锐斯成功投放市场以来，日本整车厂并未在纯电动汽车生产上投入太多。

与此同时，中国和欧洲的其他原始设备制造商已确认电动汽车将成为汽车行业的新未来（Westbrook，2019）。

为了赶上全球其他竞争对手，日本巨头公司成立了合资企业来投资电动汽车。例如，丰田和松下共同成立了一家公司，专门生产用于电动汽车的电池（Japan Times，2019）。通过合资模式，日本希望加速电动汽车的发展并增强其价格竞争力，与来自中国和欧洲的对手竞争。随着在电动汽车投资方面的努力，在日本注册的电动汽车数量一直在上升。2018 年，日本新电动汽车注册数量约 27000 辆（Engelmann，2020）。

（1）丰田的可持续发展目标

为了克服环境问题，丰田正在努力实现其六个可持续发展目标（Toyota Motor Corporation，2019），即到 2050 年，实现：

1）将车辆运行中的二氧化碳排放量减少 90%。

2）在整个车辆生命周期内消除 CO_2 排放。

3）所有工厂的零排放。

4）最大限度地减少和优化用水量。

5）加大对回收技术和系统车辆处理的投资。

6）将未来社会与自然保护活动联系起来。

（2）环保行动计划

为实现这些可持续发展目标，丰田制定了行动计划。丰田认为，电动环保汽车是到 2050 年实现每辆车 CO_2 排放量减少 90% 目标的解决方案（Japan Times，2019）。因此，公司加快了混合动力汽车（HEV）、插电式混合动力汽车（PHEV）、纯电动汽车（BEV）和燃料电池电动汽车（FCEV）的技术开发。作为日本 OEM 的领导者，丰田设定了 2030 年电动汽车销量达到 550 万辆的目标（Japan Times，2019）。

一些电动汽车在其制造过程中会产生高 CO_2 排放量。因此，为了减少这些车辆对环境的影响，有必要在从材料零件制造和车辆组装到分销的整个车辆生命周期内防止排放（Toyota Motor Corporation，2019）。丰田推出了生态车辆评估系统（Eco-VAS），该系统将评估车辆生命周期各阶段的环保效益。此外，该公司还使用轻量化部件和环保材料，改进燃油效率技术，一切都是为了减少 CO_2 排放。供应商与客户之间的材料、零件和整车运输等物流活动也会增加 CO_2 排放。因此，丰田还实施了使用高效燃料、缩短物流路线和生态友好型运输模式。此外，丰田正在寻求在其工厂中实现零 CO_2 排放。该公司引入了低排放 CO_2 技术和基础设施，其中包括太阳能、风能和氢能等可再生能源（Toyota Motor Corporation，2019）。

参考文献

Abdul-Muhmin, A. G.（2007）. Explaining consumers' willingness to be environmentally friendly. *International Journal of Consumer Studies*, *31*（3）,237–247. https://doi.org/10.1111/j.1470-6431.2006.00528.x

Abrenica, J. V.（1998）. The Asian automotive industry: Assessing the roles of state and market in the age of global competition. *Asian-Pacific Economic Literature*, *12*（1）, 12–26. https://doi.org/10.1111/1467-8411.00026

Autry, C. W.（2005）. Formalization of reverse logistics programs: A strategy for managing liberalized returns. *Industrial Marketing Management*, *34*（7）,749–757. https://doi.org/10.1016/j.indmarman.2004.12.005

Balon, V., Sharma, A. K., & Barua, M. K.（2016）. Assessment of barriers in green supply chain management using ISM: A case study of the automobile industry in India. *Global Business Review*, *17*（1）, 116–135. https://doi.org/10.1177/0972150915610701

BASF.（2020）. *Challenges and opportunities for China's automotive market*. https://www.basf.com/cn/en/media/BASF-Information/Resources-environment-climate/Challenges-and-opportunities-for-China-automotive-market.html

BMW Group.（2018）. *Environmental statement BMW group 2018: Environmental protection in production*. https://www.bmwgroup.com/content/dam/grpw/websites/bmwgroup_com/responsibility/downloads/en/2018/2018-BMW-Group-Environmental-Statement.pdf

BMW Group.（2020）. *Sustainable value report 2019*. https://www.bmwgroup.com/content/dam/grpw/websites/bmwgroup_com/responsibility/downloads/de/2020/2020-BMW-Group-SVR-2019-Deutsch.pdf

Borade, A. B., & Bansod, S. V.（2007）. Domain of supply chain management:A state of art. *Journal of Technology Management & Innovation*, *2*（4）, 109–121.

Bormann, R., Fink, P., & Holzapfel, H.（2018）. *The future of the German automotive industry: Transformation by disaster or by design. WISO-Diskurs:10/2018.* Friedrich-Ebert-Stiftung, Division of Economic and Social Policy.

Bundesministerium für Bildung und Forschung.（2020）. *Open Hybrid LabFactory.* https://www.forschungscampus.bmbf.de/forschungscampi/ohlf

Carbon Disclosure Project.（2011）. *Carbon Disclosure Project: Supply chain report 2011.* https://www.marriott.com/marriottassets/Multimedia/PDF/CorporateResponsibility/serve360/CDP-2011-Supply-Chain-Report.pdf

Chan, F. T. S., & Kumar, N.（2007）. Global supplier development considering risk factors using fuzzy extended AHP-based approach. *Omega*, *35*（4）, 417–431. https://doi.org/10.1016/j.omega.2005.08.004

Chandramowli, S., Transue, M., & Felder, F. A.（2011）. Analysis of barriers to development in landfill communities using interpretive structural modeling. *Habitat International*, *35*（2）, 246–253. https://doi.org/10.1016/j.habitatint.2010.09.005

Chen, Y. J., & Sheu, J. B.（2009）. Environmental-regulation pricing strategies for green supply chain management. *Transportation Research Part E: Logistics and Transportation Review*, *45*（5）, 667–677.

Commission for Environmental Cooperation.（2005）. *Successful practices of environmental management systems in small and medium-sized enterprises: A North American perspective.* Commission for Environmental Cooperation.http://www3.cec.org/islandora/en/item/2273-successful-practices-environmental-management-systems-in-small-and-medium-size-en.pdf

Cooper-Searle, S.（2017）. *Making climate friendly cars: Material considerations.* https://hoffmanncentre.chathamhouse.org/article/reusing-and-recycling-car-materials/

Crainic, T. G., Gendreau, M., & Dejax, P. (1993). Dynamic and stochastic models for the allocation of empty containers. *Operations Research*, *41* (1), 102–126. https://doi.org/10.1287/opre.41.1.102

Daimler AG. (2020). *Sustainability report 2019*. https://www.daimler.com/documents/sustainability/other/daimler-sustainability-report-2019.pdf

Dekker, R., Bloemhof, J., & Mallidis, I. (2012). Operations research for green logistics: An overview of aspects, issues, contributions and challenges. *European Journal of Operational Research*, *219* (3), 671–679. https://doi.org/10.1016/j.ejor.2011.11.010

Diabat, A., & Govindan, K. (2011). An analysis of the drivers affecting the implementation of green supply chain management. *Resources, Conservation and Recycling*, *55*(6), 659–667. https://doi.org/10.1016/j.resconrec.2010.12.002

EDF Energy. (2020). *All about electric car batteries*. https://www.edfenergy.com/electric-cars/batteries

Emmett, S., & Sood, V. (2010). *Green supply chains: An action manifesto*. John Wiley & Sons Inc..

Engelmann, J. (2020). *Electric vehicles in Japan - Statistic & facts*. https://www.statista.com/topics/5628/electric-vehicles-in-japan/

Figenbaum, A., & Thomas, H. (1986). Dynamic and risk measurement perspectives on bowman's risk-return paradox for strategic management: An empirical study. *Strategic Management Journal*, *7* (5), 395–407. https://doi.org/10.1002/smj.4250070502

Gaudillat, P. F., Antonopoulos, I. S., Dri, M., Canfora, P., & Traverso, M.(2017). *Best environmental management practice for the car manufacturing sector:Learning from frontrunners. JRC science for policy report*. Publications Office of the European Union. https://doi.org/10.2760/202143. https://publications.europa.eu/en/publication-detail/-/publication/f742641a-f9a6-11e7-b8f5-01aa75ed71a1/language-en/format-PDF/source-65246120

Gavronski, I., Klassen, R. D., Vachon, S., & Nascimento, L. F. M. D. (2011).

A resource-based view of green supply management. *Transportation Research Part E: Logistics and Transportation Review*, 47（6）, 872–885. https://doi.org/10.1016/j.tre.2011.05.018

Geely Holding Group.（2020）. *Corporate social responsibility report: 2019*. http://geelyauto.com.hk/core/files/corporate_governance/en/2019_CORPORATE_SOCIAL_RESPONSIBILITY_REPORT.pdf

Germany Trade & Invest.（2015）. *Electromobility in Germany: Vision 2020 and beyond*. http://v2city-expertgroup.eu/wp-content/uploads/2016/02/electromobility-in-germany-vision-2020-and-beyond-en.pdf

Germany Trade & Invest.（2018）. *The automotive industry in Germany*. https://www.gtai.de/resource/blob/64100/817a53ea3398a88b83173d5b800123f9/industry-overview-automotive-industry-en-data.pdf

Gifford, D. J.（1997）. The value of going green. *Harvard Business Review*, 75(5), 11–12.

Golicic, S. L., & Smith, C. D.（2013）. A meta-analysis of environmentally sustainable supply chain management practices and firm performance. *Journal of Supply Chain Management*, 49（2）, 78–95. https://doi.org/10.1111/jscm.12006

Götze, S.（2019）. *The downside of electromobility: Lithium mining in South America destroys livelihoods & access to water for indigenous people*. Business & Human Rights Resource Centre. https://www.business-humanrights.org/en/the-downside-of-electromobility-lithium-mining-in-south-america-destroys-livelihoods-access-to-water-for-indigenous-people

Green Purchasing Guide.（2011）. *Commitment to buy green. Greening greater Toronto*. http://www.partnersinprojectgreen.com/files/GreenPurchasing Guide.pdf

Grote, C. A., Jones, R. M., Blount, G. N., Goodyer, J., & Shayler, M.（2007）. An approach to the EuP directive and the application of the economic eco-design for complex products. *International Journal of Production Research*,

45（18–19）, 4099–4117. https://doi.org/10.1080/00207540701450088

Hawks, K.（2006）. What is reverse logistics? *Reverse Logistics Magazine*, Winter/Spring.

Hotten, R.（2015）. *Volkswagen: The scandal explained.* https://www.bbc.com/news/business-34324772

Hsu, C.-W., & Hu, A. H.（2008）. Green supply chain management in the electronic industry. *International Journal of Environmental Science & Technology*, *5*（2）, 205–216. https://doi.org/10.1007/BF03326014

Hunke, K., & Prause, G.（2014）. Sustainable supply chain management in German automotive industry: Experiences and success factors. *Journal of Security and Sustainability Issues*, *3*（3）, 15–22. https://doi.org/10.9770/jssi.2014.3.3（2）

Igarashi, M., de Boer, L., & Fet, A. M.（2013）. What is required for greener supplier selection?: A literature review and conceptual model development. *Journal of Purchasing and Supply Management*, *19*（4）, 247–263.

ISO.（2015）. *ISO 14000 family – Environmental management.* https://www.iso.org/iso-14001-environmental-management.html

Jenu, S., Deviatkin, I., Hentunen, A., Myllysilta, M., Viik, S., & Pihlatie, M.（2020）. Reducing the climate change impacts of lithium-ion batteries by their cautious management through integration of stress factors and life cycle assessment. *Journal of Energy Storage*, *27*, 101023. https://doi.org/10.1016/j.est.2019.101023

Kallstrom, H.（2019）. *Suppliers' power is increasing in the automobile industry.* https://marketrealist.com/2015/02/suppliers-power-increasing-automobile-industry/

Kannan, G., Pokharel, S., & Kumar, P. S.（2009）. A hybrid approach using ISM and fuzzy TOPSIS for the selection of reverse logistics provider. *Resources, Conservation and Recycling*, *54*（1）, 28–36. https://doi.org/10.1016/j.resconrec.2009.06.004

King, A. A., Lenox, M. J., & Terlaak, A. (2005). The strategic use of decentralized institutions: Exploring certification with the ISO 14001 management standard. *Academy of Management Journal*, *48*(6), 1091–1106. https://doi.org/10.5465/amj.2005.19573111

Kumar, A., Jain, V., & Kumar, S. (2014). A comprehensive environment friendly approach for supplier selection. *Omega*, *42*(1), 109–123. https://doi.org/10.1016/j.omega.2013.04.003

Kuo, T. C., Ma, H.-Y., Huang, S. H., Hu, A. H., & Huang, C. S. (2010). Barrier analysis for product service system using interpretive structural model. *The International Journal of Advanced Manufacturing Technology*, *49*(1–4), 407–417. https://doi.org/10.1007/s00170-009-2399-7

Lakshmimeera, B. L., & Palanisamy, C. (2013). A conceptual framework on green supply chain management practices. *Industrial Engineering Letters,3*(10), 42–52.

Li, C., Liu, F., & Wang, Q. (2010). Planning and implementing the green manufacturing strategy: Evidences from western China. *Journal of Science and Technology Policy in China*, *1*(2), 148–162. https://doi.org/10.1108/17585521011059884

McGee, P. (2018). *What went so right with Volkswagen's restructuring?* https://www.ft.com/content/a12ec7e2-fa01-11e7-9b32-d7d59aace167

McKinnon, A. C. (2005). The economic and environmental benefits of increasing maximum truck weight: The British experience. *Transportation Research Part D: Transport and Environment*, *10*(1), 77–95.

McKinsey. (2020). *The road to 2020 and beyond: Whats driving the global automotive industry*. https://www.mckinsey.com/industries/automotive-and-assembly/our-insights/the-road-to-2020-and-beyond-whats-driving-the-global-automotive-industry

Michel, V., & Siegfried, P. (2021). Digitale Speditionen in der Lebensmittellogistik digital freight forwarders in food logistics. *Logistics*

Journal. https://doi.org/10.2195/lj_NotRev_michel_de_202102_01. ISSN 1860-5923.

Min, H., & Galle, W. P.（1997）. Green purchasing strategies: Trends and implications. *International Journal of Purchasing and Materials Management*, *33*（2）, 10–17. https://doi.org/10.1111/j.1745-493X.1997.tb00026.x

Moore, M.（2020）. *Number of passenger cars sold in the Asia Pacific region 2019,by country or region.* https://www.statista.com/statistics/584904/asia-pacific-passenger-car-sales-by-country/

Muduli, K., Govindan, K., Barve, A., & Geng, Y.（2013）. Barriers to green supply chain management in Indian mining industries: A graph theoretic approach. *Journal of Cleaner Production*, *47*, 335–344. https://doi.org/10.1016/j.jclepro.2012.10.030

Nunes, B., & Bennett, D.（2010）. Green operations initiatives in the automotive industry. *Benchmarking: An International Journal*, *17*（3）, 396–420.https://doi.org/10.1108/14635771011049362

Office of Energy Efficiency & Renewable Energy.（2020）. *Lightweight materials for cars and trucks.*

Olaore, R.（2013）. Accounting, purchasing and supply chain management Interface. *IOSR Journal of Business and Management*, *11*（2）, 80–84. https://doi.org/10.9790/487X-1128084

Oumer, A. J., Cheng, J. K., & Tahar, R. M.（2015）. *Green manufacturing and logistics in automotive industry: A simulation model.* 9th International Conference on IT in Asia（CITA）, 1–6. https://doi.org/10.1109/CITA.2015.7349839.

Pereseina, V., Jensen, L.-M., Hertz, S., & Cui, L.（2014）. Challenges and conflicts in sustainable supply chain management: Evidence from the heavy vehicle industry. *Supply Chain Forum: An International Journal*, *15*（1）, 22–32.https://doi.org/10.1080/16258312.2014.11517331

Petroff, A.（2018）. *Carmakers and big tech struggle to keep batteries free from child labor*. https://money.cnn.com/2018/05/01/technology/cobalt-congo-child-labor-car-smartphone-batteries/index.html

PricewaterhouseCoopers. (2014). *How to be No. 1: Facing future challenges in the automotive industry.* https://www.pwc.com.tr/tr/publications/industrial/automotive/pdf/otomotiv-sektorunu-bekleyen-zorluklari-asmak.pdf

Punit, S., Yash, R., Shridhar, S., & Rohit, Y. (2015). A review on green supply chain management in automobile industry. *International Journal of Current Engineering and Technology*, *5*(6), 3697–3702. http://inpressco.com/category/ijcet

Rogers, D. S., & Tibben-Lembke, R. S. (1999). *Going backwards: Reverse logistics trends and practices.* Reverse Logistics Executive Council.

Sanket Tonape, M. O. (2013). An overview, trends and future mapping of green supply chain management – Perspectives in India. *Journal of Supply Chain Management Systems*, *2*(3).

Sarkis, J. (2006). *Greening the supply chain.* Springer.

Schwartz, J. (2018). *VW investors sue for billions of dollars over diesel scandal.* https://www.reuters.com/article/us-volkswagen-emissions-trial/vw-investors-sue-for-billions-of-dollars-over-diesel-scandal-idUSKCN1LQ0W4

Seuring, S., & Müller, M. (2008). From a literature review to a conceptual framework for sustainable supply chain management. *Journal of Cleaner Production*, *16*(15), 1699–1710. https://doi.org/10.1016/j.jclepro.2008.04.020

Shao, J., & Ünal, E. (2019). What do consumers value more in green purchasing?: Assessing the sustainability practices from demand side of business. *Journal of Cleaner Production*, *209*, 1473–1483. https://doi.org/10.1016/j.jclepro.2018.11.022

Siegfried, P. (2021). *Business management case studies*, ISBN: 978-3-75431-691-7.BoD Book on Demand.

Siegfried, P., Michel, A., Tänzler, J., & Zhang, J. (2021). Analysing sustainability issues in urban logistics in the context of growth of e-commerce. *Journal of Social Sciences*, *IV* (1), 6–11. ISSN: 2587-3490.

Singh, A. (2020). *Electric vehicle market size, share, analysis, growth by 2027*.https://www.alliedmarketresearch.com/electric-vehicle-market

Srivastava, S. K. (2007). Green supply-chain management: A state-of-the-art literature review. *International Journal of Management Reviews*, *9* (1), 53–80.https://doi.org/10.1111/j.1468-2370.2007.00202.x

Sroufe, R. (2003). Effects of environmental management systems on environmental management practices and operations. *Production and Operations Management*, *12* (3), 416–431. https://doi.org/10.1111/j.1937-5956.2003.tb00212.x

Sustainable Business Toolkit. (2015). *11 ways green distribution can be sustainable*.https://www.sustainablebusinesstoolkit.com/green-distribution/

Svensson, G. (2007). Aspects of sustainable supply chain management (SSCM):Conceptual framework and empirical example. *Supply Chain Management:An International Journal*, *12* (4), 262–266. https://doi.org/10.1108/13598540710759781

Tabeta, S. (2019). China's new emissions rules take scalpel to bloated auto industry. *Nikkei Asian Review*. https://asia.nikkei.com/Business/Business-trends/China-s-new-emissions-rules-take-scalpel-to-bloated-auto-industry

Tan, D. (2020). *Geely banning single-use plastics in all its facilities*. https://paultan.org/2020/04/29/geely-banning-single-use-plastics-in-all-its-facilities/

Tandem Logistics. (2020). *Glossary of terms*. https://tandemlogistics.com/glossary-of-terms/

The Japan Times. (2019). *Toyota and Panasonic to launch joint venture to make electric vehicle batteries by end of 2020*. https://www.japantimes.co.jp/news/2019/01/23/business/corporate-business/toyota-panasonic-launch-joint-venture-make-electric-vehicle-batteries-end-2020/

Thompson, M.（2018）. *CNN investigation: Daimler promises to audit cobalt supply 'to the mine'*. https://money.cnn.com/2018/05/02/investing/daimler-cobalt-supply-chain/index.html

Toyota Motor Corporation.（2019）. *Environmental report 2019*. https://global.toyota/pages/global_toyota/sustainability/report/er/er19_en.pdf

Verband der Automobilindustrie.（2010）. *The national platform for electric mobility*. https://www.vda.de/en/topics/innovation-and-technology/electromobility/National-Platform-for-Electric-Mobility.html

Volkswagen AG.（2020a）. *History*. https://www.volkswagenag.com/en/group/history.html

Volkswagen AG.（2020b）. *Sustainability report 2019*. https://www.volkswagenag.com/presence/nachhaltigkeit/documents/sustainability-report/2019/Nonfinancial_Report_2019_e.pdf

Wagner, I.（2020a）. *Estimated electric vehicles in use in selected countries as of 2019*. https://www.statista.com/statistics/244292/number-of-electric-vehicles-by-country/

Wagner, I.（2020b）. *Worldwide automobile production through 2019*. https://www.statista.com/statistics/262747/worldwide-automobile-production-since-2000/

Walker, H., Di Sisto, L., & McBain, D.（2008）. Drivers and barriers to environmental supply chain management practices: Lessons from the public and private sectors. *Journal of Purchasing and Supply Management*, *14*（1）, 69–85.https://doi.org/10.1016/j.pursup.2008.01.007

Westbrook, J. T.（2019）. The Japanese auto industry is finally getting serious about electric cars. *Jalopnik*. https://jalopnik.com/the-japanese-auto-industry-is-finally-getting-serious-a-1839256462

Wisner, J. D., Tan, K.-C., & Leong, G. K.（2012）. *Principles of supply chain management: A balanced approach*（3rd ed.）. South-Western/Cengage Learning.

Wong, S.（2020）. *Car sales（passenger and commercial vehicles）in China from 2009 to 2019.* https://www.statista.com/statistics/233743/vehicle-sales-in-china/

Xia, Y., & Tang, L.-P.（2011）. Sustainability in supply chain management:Suggestions for the auto industry. *Management Decision*, 49(4), 495–512.https://doi.org/10.1108/00251741111126459

Zhu, Q., Geng, Y., Fujita, T., & Hashimoto, S.（2010）. Green supply chain management in leading manufacturers. *Management Research Review*, 33（4）, 380–392. https://doi.org/10.1108/01409171011030471

Zhu, Q., & Sarkis, J.（2004）. Relationships between operational practices and performance among early adopters of green supply chain management practices in Chinese manufacturing enterprises. *Journal of Operations Management*, 265–289.

Zhu, Q., & Sarkis, J.（2006）. An inter-sectoral comparison of green supply chain management in China: Drivers and practices. *Journal of Cleaner Production*, 14（5）, 472–486. https://doi.org/10.1016/j.jclepro.2005.01.003

Zhu, Q., Sarkis, J., & Lai, K.-h.（2007）. Green supply chain management: Pressures, practices and performance within the Chinese automobile industry. *Journal of Cleaner Production*, 15（11–12）, 1041–1052. https://doi.org/10.1016/j.jclepro.2006.05.021

第五章 **05**

未来发展的场景
和概念

Chapter

一、制造商之间的伙伴关系

面对环境变化，汽车产业必然要走向可持续发展。因此，汽车企业必须快速响应这一趋势，以获得更高的市场份额。将新车推向市场给 OEM 带来了许多挑战。因此，OEM 之间应采用共同开发合作伙伴关系的概念，以缩短上市时间、提高盈利能力、加强研发创新并扩大市场准入（Chesbrough 和 Schwartz，2007）。这些合作伙伴可以是竞争对手或供应商（Sawhney 等，2005；Siegfried，2015a；Siegfried，2015b）。因此，为了克服实施绿色供应链的障碍，德国 OEM 应发展合作伙伴关系以保持其竞争优势。

如前所述，为了在电动汽车生产方面超越全球其他竞争对手，日本巨头公司成立了合资企业来投资电动汽车。丰田和松下共同投资成立了一家公司，专门生产用于电动汽车的电池（The Japan Times，2019）。通过合资模式，日本希望加速电动汽车的增长，提高其价格竞争力，以与中国和欧洲的对手竞争。日本合作模式的成功对德国 OEM 来说是一个很好的例子。

通过与合作伙伴合作，OEM 可以在新产品或服务开发中分享知识和技术，从而提高知识水平并扩大创新。对绿色供应链管理的投资导致更大的成本压力（McKinsey，2020）。此外，汽车行业由漫长的全球供应链网络组成，这可能会给公司带来极高的运输成本（Xia 和 Tang，2011）。因此，通过分摊材料采购、运输、生产、分销和收集研发预算的成本，合作伙伴关系将为 OEM 创造更大的经济优势（Chesbrough 和 Schwartz，2007）。与合作伙伴合作并成立合资企业可以成为汽车企业通过在不同公司之间交换和汇集互补资源和能力来发展绿色供应链的战略模式（Grant，2008）。

二、将环境倡议拓展到整个供应链参与者

尽管大多数 OEM 已将环境保护举措纳入其供应链管理，但由于绿色投资成本高和效益回报率低，仍然缺乏高层管理承诺（Balon 等，2016）。此外，OEM 在使用新的绿色创新技术方面仍然面临员工和工人知识缺失的问题。

因此，汽车公司有必要在未来几年为供应链上的所有利益相关者和参与者制定总体方向和有用的指导方针。公司需要找到一种有效的方式来转移知识并使利益相关者认识实施绿色供应链管理所带来的好处和进步。通过培训课程和能力建设计划，借助成功实施 SSCM 的公司的最佳实践和案例研究，可以激励供应链上的所有参与者追求可持续概念。此外，OEM 也将从这些环境培训中受益。在开发新的绿色技术方面拥有更专业的知识的员工和工人将有助于提高公司的环境和经济绩效。

三、客户导向是重要影响因素

客户调查的结果表明，更多汽车客户意识到将可持续概念融入车辆的整个生命周期，可以减少对环境的负面影响。与过去相比，人们对电动汽车的兴趣有所增加，电动汽车销量的增长证明了这一点（Virta，2020）。

该调查结果还表明，客户不仅关注其车辆在运营过程中的排放和能源效率，而且关注生产过程中整个价值链对环境的影响。这包括材料或部件是否由可再生能源制成、零部件供应商是否可持续、是否使用可持续的车辆组装工艺、零部件运输和车辆配送是否采用可持续的方式及车辆及其零部件是否可回收使用等问题。图 5.1 展示了调查参与者对这些问题的回答，显示了客户在购买汽车时对这些问题的高度重视。

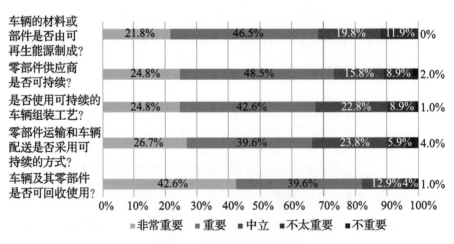

图 5.1 购买决策的重要性

注：由于四舍五入的原因，部分柱状图各部分的和不是 100%。

客户是直接影响公司业务收入和利益的最重要因素。获得的客户越多，收入就越多（Apte 和 Sheth，2017）。根据调查显示，超过 90%的参与者对实施 SSCM 的公司表现出更高的信任度。他们中的大多数人也接受为使用 SSCM 生产的车辆支付更高的价格。这会为公司带来更高的收入，并为整车厂创造更多价值。

整车厂需要将它们的战略聚焦客户的期望，客户的价值观和意见应该能够影响公司的决策。

四、通过 SSC 标签向客户提供信息

在目前的汽车市场上，所有新车都贴有能效标签，详细说明燃油效率和二氧化碳排放量。该标签的等级从 A+++ 到 D，可帮助驾驶员选择能耗低的汽车。然而，它仍然缺乏关于车辆整个供应链活动的可持续标准的信息（例如材料和供应商来源，在组装、分销和回收过程中是否遵守环境法规）。在这项研究的调查中，超过 50% 的参与者认为很难找到有关当前车辆供应链可持续性的信息，如图 5.2 所示。

为了在未来改进这一点，建议制造商发明一个可持续供应链（SSC）标签，其中包含车辆整个生命周期的详细信息。它应包括从材料提取到回收的所有过程，并确保它们都已通过环境保护举措进行操作，并且供应链中的所有参与者都已证明其通过了环境认证。调查还显示，与竞争对手相比，大多数客户愿意为带有 SSC 标签的车辆或评级更高的车辆支付更高的价格，如图 5.3 所示。

在当前市场上查找与车辆供应链可持续性有关的信息
是否容易（例如，材料和供应商来源，在组装、分销和
回收过程中是否遵守环境法规）？

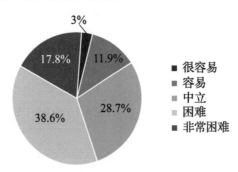

图 5.2　发现可持续性的信息

与评级较低甚至根本没有评级的车辆相比，您愿意为评
级较高的SSC标签的车辆支付更高价格的可能性有多大？

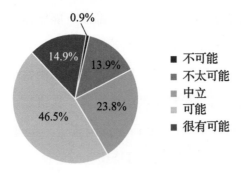

图 5.3　客户接受更高价格的情况

　　这一发现表明，强制性 SSC 标签可为公司带来经济优势。SSC 标签的评级越高，OEM 的环境形象就越好，这有助于提高客户的忠诚度和保持率，从而通过更高的销售额和更高的收入创造长期的经济利益。这种标签的另一个可能的积极影响是它给公司的竞争对手施加压力以达到类似的评级，使得竞争对手也对 SSCM 进行更多投资。

参考文献

Apte, S., & Sheth, J.（2017）. Developing the sustainable edge. *Leader to Leader,2017*（85）, 48–53. https://doi.org/10.1002/ltl.20306

Balon, V., Sharma, A. K., & Barua, M. K.（2016）. Assessment of barriers in green supply chain management using ISM: A case study of the automobile industry in India. *Global Business Review*, *17*（1）, 116–135. https://doi.org/10.1177/0972150915610701

Chesbrough, H., & Schwartz, K.（2007）. Innovating business models with codevelopment partnerships. *Research-Technology Management*, *50*（1）, 55–59.https://doi.org/10.1080/08956308.2007.11657419

Grant, R. M.（2008）. *Contemporary strategy analysis*（6th ed.）. Blackwell.

McKinsey.（2020）. *The road to 2020 and beyond: Whats driving the global automotive industry.* https://www.mckinsey.com/industries/automotive-and-assembly/our-insights/the-road-to-2020-and-beyond-whats-driving-the-global-automotive-industry

Sawhney, M., Verona, G., & Prandelli, E.（2005）. Collaborating to create: The internet as a platform for customer engagement in product innovation. *Journal of Interactive Marketing*, *19*（4）, 4–17. https://doi.org/10.1002/dir.20046

Siegfried, P.（2015a）. *Business cases internationalisation strategies in global player companies*: Volume 1 - ISBN: 978-3-86924-614-7. AVM Akademische Verlagsgemeinschaft.

Siegfried, P.（2015b）. *Business cases internationalisation strategies in global player companies*: Volume 2 - ISBN: 978-3-86924-628-4. AVM Akademische Verlagsgemeinschaft.

The Japan Times.（2019）. *Toyota and Panasonic to launch joint venture to make electric vehicle batteries by end of 2020*. https://www.japantimes.co.jp/news/2019/01/23/business/corporate-business/toyota-panasonic-launch-joint-venture-make-electric-vehicle-batteries-end-2020/

Virta.（2020）. *The global electric vehicle market in 2020: Statistics & forecasts*. https://www.virta.global/global-electric-vehicle-market

Xia，Y.，& Tang，L.-P.（2011）. Sustainability in supply chain management: Suggestions for the auto industry. *Management Decision*，*49*（4），495–512. https://doi.org/10.1108/00251741111126459

可持续供应链管理总结:
向德国汽车业学习

汽车行业被认为是世界上发展最快的行业之一，并为许多国家的经济增长做出贡献。然而，由于在道路上行驶的车辆数量增加，导致了二氧化碳排放量的增加。此外，该行业的供应链活动对环境造成了其他负面影响，例如材料提取、生产工厂燃烧化石燃料和排放废物。近年来，人们越来越关注环境问题，许多环保活动建议尽量减少汽车工业的有害影响。为了找到长期的解决方案，汽车制造商已经研究并将可持续发展理念整合到其整个供应链管理中。因此，可持续供应链管理被公认为汽车企业重要的战略发展理念。

本书从环境和经济方面分析了实施 SSCM 对制造商的重要价值。导致实施 SSCM 的主要驱动因素为竞争力、政府法规和客户购买行为。本书的总体研究目标是分析当前在汽车行业（尤其是德国市场）实施 SSCM 和 GSCM 战略的效果和挑战。为实现研究目标，对有关环境和经济绩效的 SSCM 概念进行了文献综述。此外，还展示了贯穿可持续供应链的绿色材料采购、绿色供应商选择、绿色配送、绿色产品设计、绿色制造、逆向物流等企业的绿色活动。

此外，本书通过对德国三大汽车制造商大众、宝马和戴姆勒的案例研究，分析了 SSCM 目前的成就和策略。可以看出，这些公司已经在其供应链流程中以有效的方式实施了可持续发展计划。例如，它们都获得了 ISO 14001 以及 EMWS 等环境认证。除了致力于生产电动汽车等更具可持续性的移动解决方案外，这些公司还努力加大对绿色技术的投资和研究，助力整个供应链实现碳中和。

此外，为了更加了解竞争对手并检验德国汽车制造商的竞争优势，本书还对 SSCM 在中国和日本等其他市场的实施进行了基准测试。竞争对手之间的相关案例研究结果促使德国公司与合作伙伴和供应商进行更多合作，以提高其知识水平，并在绿色概念开发中分享专有技术。

本书还集中展示了 OEM 在 SSCM 实施方面仍然面临的障碍和挑战。成本问题可能是在汽车生产过程中考虑环境因素的最大的障碍。对绿色技术的投资会导致更高的成本（Walker 等，2008）。尽管许多汽车公司都想实践 GSCM，但它们面临着平衡环境友好和保护自然与满足股东高利润要求的问题（Giford，1997）。然而，建立环境供应链中的实践可以提高整车企业的经济效益。采用 SSCM 可以提升公司的绿色形象和声誉，从而可以帮助公司获得更多的营业额和收入（Hunke 和 Prause，2014）。

此外，本书确定了客户在影响公司采用 SSCM 方法方面的重要作用。使用调查问卷对 100 多名潜在汽车客户进行了研究。结果表明，客户已经提高了对整个车辆生命周期的可持续供应链的认识，改变了购买偏好。"绿色"导向的客户愿意为 SSCM 开发和组装的车辆支付更高的价格，整车厂可以使用这些信息进行财务规划。对 SSCM 的投资可以通过更高的汽车销量获得更高的利润来弥补。实施 SSCM 有助于企业提升其在客户心目中的绿色形象和可靠声誉。建立客户信任可以提高对其品牌的忠诚度，从而带来持续的重复销售。

最后，本书为汽车主机厂未来几年的 SSCM 发展提出了建议。为了更有效地发展 SSCM 并减少障碍，汽车公司有必要为供应链上的所有利益相关者和参与者制定总体方向和有用的指南。通过培训课程和能力建设计划帮助员工和管理人员认识到采用可持续发展概念的巨大好处。未来在汽车行业，客户仍将对公司发挥重要作用，直接影响企业的收入和利益。因此，汽车制造商需要根据客户的期望和要求制定可持续发展战略。根据参与调查的客户的意见，建议汽车公司发明一个可持续供应链标签并将其贴在新生产的车型上。该标签可以向潜在客户提供有关车辆整个供应链中可持续活动的更多详细信息，同时可以更好地建立客户忠诚度和品牌形象，从而可以提高公司的销售额和收入，为汽车制造商带来长期的经济利益。

参考文献

Gifford, D. J.(1997). The value of going green. *Harvard Business Review*, *75*(5), 11–12.

Hunke，K.，& Prause，G.（2014）. Sustainable supply chain management in German automotive industry: Experiences and success factors. *Journal of Security and Sustainability Issues*，3（3），15–22. https://doi.org/10.9770/jssi.2014.3.3（2）

Walker，H.，Di Sisto，L.，& McBain，D.（2008）. Drivers and barriers to environmental supply chain management practices: Lessons from the public and private sectors. *Journal of Purchasing and Supply Management*，*14*（1），69–85.https://doi.org/10.1016/j.pursup.2008.01.007

附　录

潜在汽车客户调查
结果

Appendix

　　为了更好地了解消费者对汽车工业可持续供应链的看法，研究人员在开展本次研究期间进行了客户调查。这项调查旨在回答以下问题：消费者是否对具有绿色供应链特征的产品表现出更高的兴趣？他们是否了解材料的来源？这些材料是否可再生或可回收？消费者是否考虑过供应商的绿色性能？通过向101位潜在汽车客户发送问卷，研究人员收集到了有效的应答。以下内容概述了调查中提出的问题、应答情况及其对可持续供应链管理（SSCM）在汽车工业中重要性的影响。

　　在进行调查时，研究人员的首要目标是吸引不同年龄段的男女消费者。如图1所示，在参与调查的101名受访者中，男性占57.40%，

2. 你的性别？

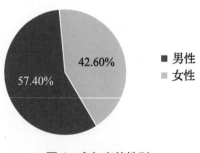

图1　参与者的性别

女性占 42.60%。因此，男女受访者在数量上几乎均衡。

图 2 所示为参与者的年龄分布。调查覆盖了七个年龄段：未满 18 岁（0%）、18~24 岁（20.8%）、25~34 岁（53.5%）、35~44 岁（9.9%）、45~54 岁（9.9%）、55~64 岁（5.9%）、65 岁及以上（0%）。结果显示，18~64 岁的年龄段均被涵盖，其中 25~34 岁的受访者占比最高。

1. 年龄区间

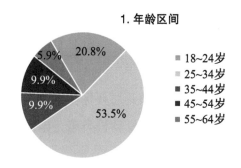

图 2　参与者的年龄分布

此外，调查还询问了参与者的其他背景信息，如最高学历和就业状况，如图 3 和图 4 所示。

3. 最高学历

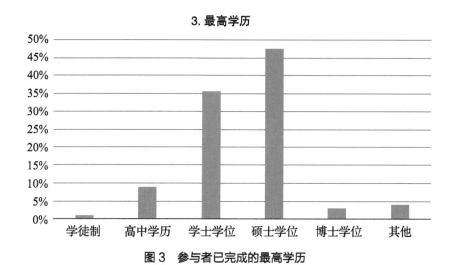

图 3　参与者已完成的最高学历

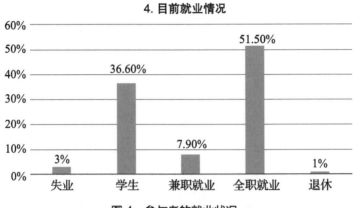

图4　参与者的就业状况

　　为了对参与者的出行行为及其对环保型车辆的态度有一个初步了解，调查了其当前所拥有汽车的发动机类型，以及对于车辆 CO_2 和有害污染物排放的关注程度。

　　如图5所示，大部分参与者使用内燃机驱动的车辆。只有两位客户表示拥有电动汽车。在此次调查研究中，未发现使用氢燃料电池汽车的客户。此外，近80%的参与者认为，他们在使用期间，车辆应尽量减少 CO_2 和有害污染物排放，如图6所示。

图5　参与者当前所拥有汽车的发动机类型

6. 车辆在使用过程中向环境排放少量有害
污染物和二氧化碳对您来说有多重要？

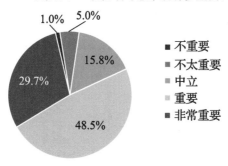

- 不重要
- 不太重要
- 中立
- 重要
- 非常重要

图6　第6题的结果

　　尽管有大量参与者同意减少车辆排放的重要性，但只有59%的受访者表示希望在未来购买环保型车辆（如电动汽车或混合动力电动汽车）。如图7所示，对低 CO_2 排放感兴趣的客户中，大多数计划购买环保汽车。然而，并非所有客户都有这种计划。

6. 车辆在使用过程中向环境排放少量有害
污染物和二氧化碳对您来说有多重要？

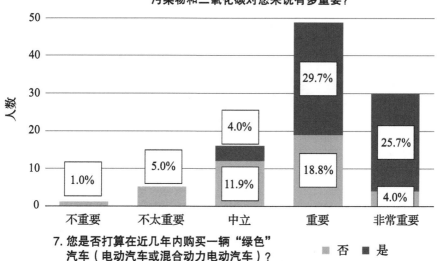

7. 您是否打算在近几年内购买一辆"绿色"
汽车（电动汽车或混合动力电动汽车）？

否 ■ 是

图7　第6、7题统计结果

注：因四舍五入，百分比之和可能不为1。

调查还研究了客户对绿色供应链车辆的购买态度，如图 8 所示，对于大多数客户来说，制造商追求可持续发展战略非常重要。

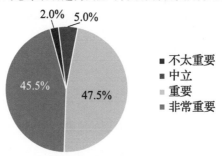

图 8　第 9 题的结果

在被调查时，客户也被问及，对于他们而言，车辆整个生命周期的可持续且减少环境影响有多重要。大多数客户表示，这是非常重要的。这一结果对汽车公司来说非常有价值，这表明客户希望汽车公司投资于供应链的可持续发展如图 9 所示。

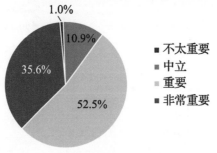

图 9　第 10 题的结果

接下来，研究了与过去相比，消费者对可持续供应链的兴趣是否在提高。如图 10 所示，消费者对可持续供应链的兴趣有所提高。假设这一趋势在未来将持续，OEM 需要预见到，消费者对 SSCM 的兴趣将变得越来越重要，必须在未来的发展战略中加以考虑。

11. 在过去几年中，您对可持续供应链
管理的兴趣是否有所提高？

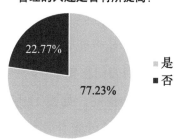

图 10　第 11 题的结果

图 11 特别关注那些未来有兴趣购买绿色汽车的消费者群体。它支持了这样一个假设：与其他群体相比，这个群体对可持续性的关注度更高。图 11 所示右侧的绿色汽车购买者数量增加，这代表那些认为车辆的 SSCM 是"重要"甚至"非常重要"的消费者。

10. 对于您来说，整车生命周期的可持续性
以及减少对环境的负面影响有多重要？

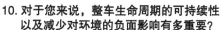
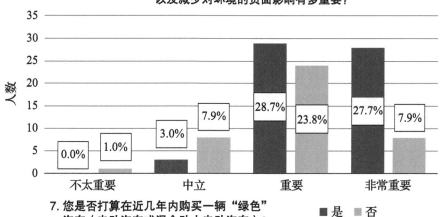

7. 您是否打算在近几年内购买一辆"绿色"
汽车（电动汽车或混合动力电动汽车）？

图 11　第 7、10 题统计结果

在众多车企纷纷推出电动车型并开展宣传活动的背景下，了解潜在购买者对供应链可持续性的兴趣是否增加，对车企来说是非常有价值的信息。这表明，消费者在购车时越来越关注车辆的环境可持续性。

接下来探讨了实施 SSCM 是否能够为 OEM 创造价值。因此，参与者被问及，如果他们了解到公司在整个供应链中关注环境保护，他们对公司的欣赏和信任是否会提高。如图 12 所示，客户对此问题的认同趋势非常明显。客户的信任可能会导致他们对品牌的忠诚度提高，从而带来更高的销售额，进而为公司创造价值。

21. 如果您了解到一家公司关注整个供应链中的环境
保护，您对该公司的欣赏和信任会增加吗？

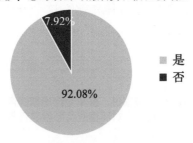

图 12　第 21 题的结果

此外，本项调查还探讨了与未采用 SSCM 开发的汽车相比，消费者是否会愿意为采用此方式开发的汽车支付更高的价格。结果显示，大多数消费者愿意为采用 SSCM 开发的汽车支付更高的价格，如图 13所示。这一信息可以被 OEM 用于其财务规划。对 SSCM 的投资可以通过汽车销售的更高利润得到回报。

最后，研究了那些在购车前会研究车辆可持续性的客户，是否也是愿意接受更高价格的客户。因此，参与者被分为两组。他们被问及

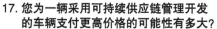

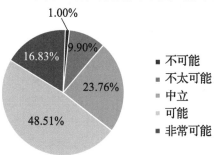

图 13　第 17 题的结果

在购买车辆之前是否会研究其供应链的可持续性（例如绿色材料、绿色供应商、绿色制造或绿色分销）。一组是回答"是"的客户，另一组是回答"否"的客户。图 14 以条形图的形式展示了这两组的结果，条形图按两组进行了分类。结果显示，那些"可能"或"非常可能"接受更高价格的客户中，研究可持续性的比例也更高。

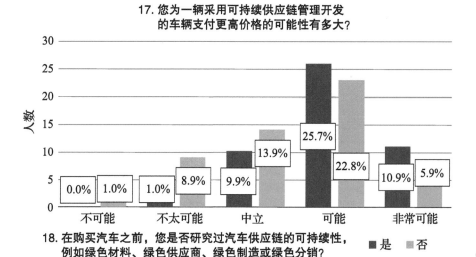

图 14　第 17、18 题统计结果

上述表明，那些会研究潜在车辆供应链可持续性的客户，也更愿意为其支付更高的价格。因此，OEM 可以利用这一信息来改进未来的沟通策略。如果能让客户更容易地研究与供应链相关的可持续性话题，可能会促使更多人去了解这些信息，进而促使他们在了解到可持续供应链后，更愿意接受更高的车辆价格。